Topology

小丛书

历史人类学的旨趣

一种实践的历史学

赵世瑜 著

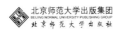

北京师范大学出版集团
BEIJING NORMAL UNIVERSITY PUBLISHING GROUP
北京师范大学出版社

赵世瑜

　　北京大学博雅特聘教授、北京市文联副主席，北京民间文艺家协会主席，中国地方志指导小组成员，教育部教材专家委员会委员。主要研究方向为 10 世纪以来的中国社会史、历史人类学及民俗学史。主要著述有《在空间中理解时间：从区域社会史到历史人类学》《小历史与大历史：区域社会史的理念、方法与实践》《狂欢与日常：明清时期的庙会与民间文化》等多种。

目录

自 序

终于到了板起面孔说说"历史人类学"这个术语的时候了——在过去的 20 年中，我们经常用一种开玩笑的口吻说，这只不过是一个标签，是学术名利场上的一种权宜之计，我们之所以这样说是害怕使我们的研究因此而僵化，成为某种教条，捆住我们的手脚和思维，让我们无法在思想的田野上自由地驰骋。

但还是不可避免地弄假成真了。我们不能指着中山大学校园里的那块教育部颁发的牌子说，那个历史人类学中心是假的；我们不能拿着《历史人类学学刊》强辩说，看，英文的刊名叫作 *History and Anthropology*；我们不能在完成了科大卫教授的"中国社会的历史人类学"研究项目之后，对大家说，我们不知道这八年做的是什么；我们尤其不能在人类学者批评我们的田野工作没有达到人类学的田野要求时，才一脸尴尬地承认我们根本不是人类学。

我们这样做在某种意义上是在效法先贤。

柳田国男是日本民俗学之父，但在多年之后，人们终于认识到，"民俗学对柳田而言，是历史研究的一种方法"，他倡导民俗学，主要是对以往历史学只是借助文献来展现起义和自然灾害的连续与反复的不满，希望通过"残存的事实……梳理出变迁的路径"。后世日本学者也大多认同，柳田国男民俗学的目的是对旧日本史学的改造。换句话说，开创了现代日本民俗学的柳田先生，实际上是位有点另类的历史学家。[①] 当然，在我看来，也不一定将所有研究历史的学者，都定义为历史学家。

无独有偶。顾颉刚虽然不是北大《歌谣》周刊的创办者之一，但大家都公认他在中国民俗学创始时期无人比肩的地位，原因不仅在于他在《歌谣》上发表的关于孟姜女故事的研究，也不仅在于他引领了妙峰山香会调查，还在于他创办了《民俗》周刊，并在此期间启动了一系列搜集民间资料的工作。但人们也多少都有共识，顾颉刚是位历史学家，并非民俗学家。正如他在《古史辨》第一册《自序》中所说："很想领略现在的社会的风味，希望在里边得到一些古代的社祀的暗示。"同样地，我也认为即使被定义为历史学家的人，其作品也未必都要被定义为历史研究。

所以，我在这里郑重地声明，我们的"历史人类学"并非人类学，而是历史学，我愿意把它称为一种"实践的历史学"，从而在追求和操作上与一般意义上的历史学、甚至包括许多社会史研究做出区分。

近几年来，我的民俗学同行们已经率先讨论了"实践民俗学"的问题，我认为，这是时隔百年之后的第二次"眼光向下"，也因此成为中国现代民俗学的第二次学术自觉，尽管它们都有着全球化的背景。这次反思活动最重要的地方，就是民俗学家终于发泄出了对前述两位先贤所体现出的民俗学地位的不满："作为民俗学者，我们也已经用自己的思考证明了，民俗学这个小学科可以回答社会、人生的大问题，而不仅仅是为大学科提供研究资料的资料学。"②当然，我们也不能认为柳田先生和顾先生的主张和做法不是出自"浪漫"和"自由"，因为画地为牢并不有利于回答"何为日本"或"何为中国"的问题。在他们的脑子里，并没有"民俗"或者"民间文艺"或者"历史"是个学科的概念，它们只是用来表达一部分文化传统所用的词汇，被后人扩展为一个学科；他们只是在用这些以往人们少用的部分去回答"何为中国"的问题，他们没有那些区分彼此的想法，就像一位高级厨师，用了不同食料烹出不同的菜品，只是为了拼出一桌美味的宴席。

在这里，我不打算像他们那样，以从哲学的高度讨论"实践民俗学"那样的方式详细而深入地讨论什么是"实践的历史学",也不打算讨论是否每一门现代意义上的"学科"都有其"本来应当是什么样子"或原初的"学科属性",③或有否"元民俗学"(meta-folklore),因为历史哲学从来都同时是历史学和哲学的组成部分,但这依然不妨碍我赞同他们强调的、来自康德的实践理性之自由意志,也即所谓"从自由意志出发,尊重人的本性和事物的特性",从而也进一步同意说,民俗学"不是没有人文关怀的客观知识学,而是通过对民俗和生活世界的理解最终推动民众(包括学者自己)过上好生活的实践科学"。④

同样,正如我们熟知的体现唯物史观精髓的这段话所说:"历史什么事情也没有做……创造这一切、拥有这一切并为这一切而斗争的,不是'历史',而正是人,现实的、活生生的人。'历史'并不是把人当做达到自己目的的工具来利用的某种特殊的人格。历史不过是追求着自己目的的人的活动而已。"⑤有目的的人的活动即是人的自由意志的实践，因此社会历史就是人的活动或实践的产物。

当然，马克思在《路易·波拿巴的雾月十八日》中说"人们自己创造自己的历史，但是他们并不是随心所欲地创造，并不是在他们自己选定的条件下创造，而是在直接碰到的、既定的、从过去承继下来的条件下创造"，⑥与上述论述并不矛盾，因为有目的的人的活动必然是"在直接碰到的、既定的、从过去承继下来的条件下创造"的，没有这些条件，人的"目的"或"自由意志"就不知所在。因此，作为笃行实践的历史学理想的历史人类学，就应具有这样的特点：

首先，历史人类学或实践的历史学，是从现实的生活世界中发现自己的历史研究课题的。一般说来，从现实的生活世界里发现现实问题，或者在文献和古物中发现历史问题，是理所当然且自然而然的，但对历史人类学或实践的历史学来说，从现实的生活世界中发现历史研究课题的意义更大，因为留存或影响到现实生活的历史问题，比起在现实生活中完全销声匿迹的历史问题，对我们今天的人来说更为重要。在某种意义上说，这是一个对"历史是什么"的问题的重新思考。

其次，历史人类学或实践的历史学，是以现实的生活世界中人的实践经验，去帮助理解历史上的人的活动的，而不仅仅依靠史料记载。这并不意味着我认为应在所有具体问题上进行一一的对应。时过境迁，沧海桑田，将昨天的我们和今天的我们隔在了两个世界，但我们依然相信这两个生活世界是相通的，就像社会历史和现实社会都是人的生活实践的结果一样。为什么当我们理解了历史上人们面对某些问题时的某种应对策略后会会心一笑，或者说我们为什么会在某些问题上自认为理解了古人，为什么有所谓"同情理解"之说，正是因为二者间的相通性。比如说，我们不会以为历史上某个村落里举行的某种仪式与今天的完全一样，但既然今天依然在举行这种仪式，就说明历史上举行仪式的某种情境至今依然存在，人们处理某些问题的方式还相同或相似。一切建构都不是没有来由的建构，传统的再发明还是因为有所谓传统。

再次，历史人类学或实践的历史学，或者"实践科学"，就应比"经验科学"更加注重实践性。古人说，"读万卷书，行万里路"，我不太清楚人们对此话的理解是否有共识，但其中应该包含着"尽信书不如无书"的意思。历史学与民俗学或社会学或人类学的"实践性"表现不同，即其"实践"方式主要通过文献学方法来实现，即通过文献学的"实践"来认识哪些是"历史"，哪些不是。因此这种实践不是来自生活经验或现实世界的实践。顾炎武"凡先生之游，以二马三骡载书自随。所至厄塞，即呼老兵退卒询其曲折；或与平日所闻不合，则即坊肆中发书而对勘之。或径行平原大野，无足留意，则于鞍上默诵诸经注疏；偶有遗忘，则即坊肆中发书而熟复之"，⑦这种方法的意思是，将各种文本置于其各自产生的语境中加以重新理解，以人的生活逻辑反思之，从而形成某种或可称之为"文献民族志"的方法论。

以上三条，可以说是对历史人类学或实践的历史学的本体论、认识论和方法论的粗浅认识。由于这种实践的特性，研究者通常会首先把关注的焦点投射到一个具体的空间，或称之为"区域研究"。我们知道，起源于"冷战"后西方的区域研究，是具有鲜明的现实问题指向的，因此当历史学吸收了这种区域研究的方法之后，理所当然地应该同样具有这种现实指向，这也就具有了实践的特性。这就容易让我们理解，为什么近20年来，国内的许多地方院校纷纷发展对本地的研究，而大量以地方民间文献的搜集和整理为题的项目，得到自上而下的重视和资助，这固然有在竞争中扬长避短的因素，更重要的是研究者对本地的情况更为了解，对地方文化传统具有先天的亲缘性，即在日常生活中便已体现出实践性。

不过，这并不等于说，所有将自己的研究对象设定在一个区域内的历史研究，都是实践的历史学或历史人类学；也并非所有打着区域研究或历史人类学研究旗号的历史研究，都明白这类研究的学术旨趣或开创者的初心，不客气地说，多数此类研究对此都是懵懵懂懂或者东施效颦的。我们已经批判过的那种在国家话语体系框架内的地方史研究，只是用地方的例子来证明某个先设的国家话语体系，而不是真正从实践出发去验证这个话语体系。对这样的问题，十余年前民俗学界对"家乡民俗学"的讨论、杨念群对社会史研究中"在地"学者身份之优劣的分析已经涉及，但并没有引起相关领域内多数人的自觉反思。

譬如，近年来得到热议的美国"新清史"研究，在我看来也是一种区域研究，但大家都知道其与历史人类学研究的旨趣有所不同，我将在《历史人类学学刊》上对几篇青年学者个案研究的评论附于本篇叙说之后，也许可以帮助我们理解这二者间的共性与差异，并在比较中更好地理解我们的研究。

【附】

"华南研究"与"新清史"
应该如何对话⑧

近30年来，被称为"华南研究"的历史研究方法在学术界产生了一定影响。从比较宽泛的意义上说，它属于中国区域社会史研究；在更凸显其方法论意义的层面上说，它也被称为"历史人类学的中国研究"，其特征是将传世文献与田野观察相结合，通过分析具体而能动的人的行为，达到对整体的社会历史过程的重新认知。近20年来，被称为"新清史"的研究进路异军突起，特别是在近年来引发中国学术界的热议。它接续了欧洲汉学的"内亚传统"，强调对非汉文文献的利用和解读，意在重新凸显清朝的特殊性。由于"华南研究"重在重释明清中国，而"新清史"的研究则暗含了对美国中国研究的"晚期帝国"(late imperial China)概念的解构，所以两者有了对话的可能。

一些年轻学者注意到了这种可能性，在最近两年中，他们不仅身体力行，在自己的领域内进行了一些研究实践，而且在亚洲研究年会(AAS)中组织了相关主题的小组报告，在无锡召开了题为"'内亚'与'华南'的交汇"的工作坊，试图寻找两种学术传统之间的共性和互补性，以便各取所长，同时引起相互间的对话。这种尝试实际上意在寻求突破，在前人研究基础上寻找一条新路，因此是值得赞赏的。

但是，"华南研究"与"新清史"究竟能不能对话，如果能，它们究竟应该如何对话呢？

一、"华南研究"与"新清史"的异同

在我已经发表的文章中曾指出，二者间的对话出现在《帝国之于边缘》这本论文集中。⑨之所以二者之间有这样的交集，我认为是因为他们都是共享人类学的某些理念与方法的历史学者（或注重历史过程的人类学者）。"新清史"特别强调的"族群性"（ethnicity）概念及其背后的族群理论，并不是中国传统的民族史研究中所有的，而是从人类学那里学来的，这在自称"历史人类学"的"华南研究"那里，当然是题中应有之义。在不同区域的历史人类学研究中，瑶、畲、疍家、苗、彝、回、客家等族群作为区域结构过程中的重要元素，一直是不可或缺的内容。其涉及族群范围之复杂和多元，更超过"新清史"。而关于"化外"与"化内"及结合编户齐民的讨论，比围绕"帝国"的讨论更富有弹性，更基于本土的话语系统。但正如我在前文中所说，二者的共识在于，无论是满、蒙这样的北方族群，还是苗、瑶、疍家这样的南方族群，其"族群性"的确定或"认同"的形成都是在16—18世纪这个时段产生的，这就构成了相互对话的基础。

第二个对话的基础体现为他们对传统汉文官书系统的质疑和对与之不同的数据系统的重视。人们曾用"进村找庙，进庙读碑"来戏称"华南研究"对地方民间文献的重视，当然也都清楚他们注意搜集的地方民间文献包括碑刻、族谱、契约文书、宗教科仪书、账簿、书信，乃至地方档案和口碑材料等各种类别。这表明"华南研究"力图寻找更能说明人的能动行为和实践活动的数据，来弥补和纠正官书系统中的缺失和错误。虽然这其中多有重叠，如传世文献中的文集、地方志等亦不乏对人的能动行为及实践活动的记录，但毕竟大体表明了与传统史学本体论立场的不同。人们也知道，"新清史"以强调非汉文史料为其特征，其背后有欧洲汉学传统和"内亚研究"的影响，力图通过满、蒙、藏、突厥等语种文献，来弥补和纠正汉文文献、特别是汉文官方档案和士大夫记录的缺失和错误。但由于他们所使用的非汉文文献大多数也是官方文献（包括实际具有官方地位的宗教机构文献），就像上古史研究中利用的简牍那样，虽能体现出极为不同的历史观察视角，却大多只能局限于政治史的范围，无法体现出"华南研究"那样的本体论立场。正如"华南研究"所研究的族群多数没有文字材料，往往多借助汉文数据，而少数涉及彝族、蒙古族的研究又较少利用彝文、蒙古文文献进行研究的短板一样，"新清史"对非汉文文献的利用，只有扩及地方民间文献这个层面，并将其置于其产生的情境中去解读，二者的对话才真正有可能。

第三个对话的基础是认识论层面上的。从"华南研究"和"新清史"的得名都能看出，他们的立场绝非"汉人中心主义"或"中原王朝中心主义"的，甚至可以说，他们的取向是"去中心"（decentralization）的。他们当然不是不重视中央王朝或汉人社会，但却是从"边缘"来审视"中心"，或如后来葛兆光所说的，是从"四夷"来看"中国"的。同时，"新清史"是在一个欧亚大陆中部和东部互动的框架内思考清代历史，即我所谓"内陆史视角"，而"华南研究"则是从东南沿海与东南亚及南亚互动的框架内起步，即我所谓"海洋史视角"，背后都是15—16世纪以来的全球性变化。所不同的是，在明清国家的形成过程中，"满洲性"或内亚因素的权重到底有多大，其背后的区别则在于一是"自内而外"（inside-out），一是"自外而内"（outside-in）。

因此，我并不认为他们"在问题意识、关注对象、史料利用、研究取证等方面存在明显差异"，⑩就好比"华南研究"中研究西南彝族的学者强调要用彝文文献进行研究，与"新清史"学者主张要用满文、蒙古文、藏文材料有什么不同吗？又或好比"华南研究"主张在地方社会重新审视国家，与"新清史"从内亚地区重新观察清朝有什么本质区别吗？

二、"华南研究"与"新清史"如何对话

由于有了以上基础，我认为二者的对话是可能的。

从表面上看，二者此前的研究没有太多的交集，"华南研究"的旨趣虽然早就不限于华南，但毕竟所研究的区域和比较成熟的成果多在长江以南，对蒙、藏、青、新等地区的关注极少。若想达到其重写明清中国史的目标，那些地区的研究是不可或缺的。从学术史上看，欧美人类学者对那些地区的关注也远少于对中国东南、西南地区的关注，恰恰是汉学传统具有丰厚的积累，只是他们的兴趣与人类学者及社会史学者不同。因

此，"华南研究"在实践了"海洋史视角"及"流域史视角"之后，目前正由年青一代探索"山地史视角"和"湖区史视角"的工作，但还需要弥补"内陆史视角"乃至"草原史视角"和"绿洲史视角"的不足。

在这个意义上说，"新清史"或内亚研究本质上也是一种区域研究，试图从欧亚大陆上与东亚地区的接触地带入手，来重新理解中国或东亚的历史变化。但是，我们必须要知道在这些地区，人们——不只是可汗和活佛——更重要的是那些牧民、商人、僧侣们是怎么做的，他们如何形成以及形成怎样的社会网络，他们的行为如何影响到教俗领袖们的决策？比如我们知道，张居正、阿勒坦汗和达赖之间曾暂时形成过某种默契，但在他们之下，形形色色的人群及其活动与这种默契有何关联，我们是不知道的，所以我们对这种默契的理解就有可能是片面的。

我们历史人类学班"黄埔一期"的学员都见过蔚县村

蔚县村堡小庙中的壁画

堡小庙中这样的壁画（如下图）——当然不止这幅壁画，还有壁画后面的许多琐细却异常生动的生活细节——让我们浮现出这样的问题：应该到哪里去寻找清帝国（甚至明帝国）的"内亚性"呢？到承德吗？那闭着眼睛都可以找到了。如果能在百姓的日常生活和基层社会结构中发现"内亚性"，大概会更有说服力和震撼力吧？即将出版的关于卫所军户制度与明清中国的历史人类学研究也揭示出，作为女真族和蒙古族制度遗存的卫所军户制度在明代、甚至清代国家形成中扮演了重要的角色，包括这一制度带来的"回回人"在整个中国境内的大范围分布。但是，"新清史"似乎并未顾及于此。难道只是因为他们大多不使用汉文记述历史，便无法体现"内亚性"的影响？

米华健(James Millward)曾在接受采访时说：

我们之所以进行被称作"新清史"的研究，目标其实是调整、修正包括费正清在内的那一代历史学家的学术话语(discourse)，比如朝贡制度，比如汉化，又比如中国中心论。⑪

其实在费正清的学生辈，即魏斐德、韩书瑞、孔飞力那一代，也即柯文在《在中国发现历史》中提到的那些人，已经对这些话语提出了挑战。他们的做法就是开展区域研究，从地方历史脉络中去重新审视太平天国、义和团等政治事件。但作为更晚一代的"新清史"似乎放弃了这一视角，在某种意义上回到了上一代人的研究起点，没有在区域研究或"自下而上"的基础上破旧开新。他们对"被遗忘"人群的发掘或对边疆游牧民族的"拯救"，往往是建立在第一历史档案馆的国家档案基础上的，而较少从游牧民——无论是个体还是群体——的立场和行为出发考察他们置身其中的历史脉动，从而又回到了他们所反对的"国家话语"。

当然，对话并不仅仅是相互间的取长补短，还包括对某些重要的历史学问题的看法。在这里，"族群性"概念不是那么的重要，因为它归根结底是个人类学问题；使用某种语言文字的材料也不是关键性的，我想双方对此都是有共识的，即研究必须从研究对象生产出来的材料出发，重要的是如何看待清朝，如何看待体现在这一时期的历史连续性与断裂。"新清史"的意义并不在于使用特定语言文字进行研究，而在于强调满洲特性或"内亚性"在清朝统治中的主导作用，从而显示了与明朝统治的明显差异；而"华南研究"的意义也不在于利用民间文献研究地方社会，而是通过对人的能动行为的具体观察，看到的是自明代中叶开始的社会变化，导致了国家制度的改变和包括"满洲性"在内的周边各族群特性的凸显！

如果仅仅停留在宫廷、国家制度或英雄人物的层面，"新清史"无法完成它的使命；如果只是"老鼠打洞"，沉浸于微社会的描述，"华南研究"也无法实现它的初衷，更为重要的是，他们也就因此而无法对话。

三、对话从这里开始

近年来，我先后发表了几篇文章，也编了一本论文集，尝试以"华南研究"的立场为基础，讨论一点内陆史或内亚视角关注的问题，甚至试图将明清之际华南发生的事情与长城以外发生的事情联系起来，[12]当然大多只是浅尝辄止。站在历史人类学的立场上，我认为两者的关怀互不相悖，完全可以相互容纳。本期《历史人类学学刊》刊载的6篇论文也并未宣称各自属于哪个传统，从其研究主题和所涉区域也不能作出清晰的区分，我想这是作者们有意让两种传统共存于他们的研究之中。然而这样一来，客气倒是客气了，对话或者挑战却难以寻觅了。

在意料之外也在意料之中的是，6篇论文大多是"地方史"，这与"新清史"代表人物的作品形成了鲜明的对比。邱源媛的文章讨论的是清代华北的旗人社会，蔡伟杰讨论的是清代蒙古的大沙毕，即哲布尊丹巴呼图克图属下的人群，陈博翼讨论了闽南漳浦的迁界问题，卢正恒讨论了晋江施琅的宗族，许临君讨论的定湘王信仰有点跨区域，但重点还是在新疆的湖南人群，只有孔令伟的研究是关于清代蒙古的法制史，不是区域的或地方的研究。其实，无论他们做什么题目，从他们的师承和教育背景来说，他们都对所讨论的两种传统比较了解，问题意识比较鲜明，无论我对这些文章的褒贬如何，都无碍于他们开始的这场对话的学术史意义。

邱源媛认为，对华北的研究一直以来忽视了旗人社会的存在，是华北研究的一大缺失；同时，她也批评了"新清史"很少关注内地和汉人社会，因而造成不同研究传统之间的隔阂。由此，她选择了内地的旗人社会作为突破，可将这种隔阂打通。作者不仅利用了内务府档案中的户口册等资料，结合对京畿地区的社会调查，讨论了八旗庄田的构成。但是否研究旗人社会就体现了"内亚视角"？以往也有不少研究旗人社会的作品，比如杨学琛先生对八旗满洲王公贵族的研究等，并未打着"内亚视角"的旗号。所以关键在于，是否可以证明旗地以及建立其上的社会是否能显示出迥异于汉人社会的"满洲性"或"内亚性"，并论证具有后者的旗人社会给华北的社会历史带来了什么变量。想想明朝卫所的屯地，也是和民地分开管理的，理论上是用来赡军的，也是不许买卖的，缴纳的收获物称为"籽粒"，看起来与旗地也颇多类似吧？甚至清初圈地的很大部分，就是明代的屯地。此外，理论上军、灶、匠户身份世袭，不得随意脱籍，是不是亦可如皇庄旗丁那样被视为奴仆？邱源媛提到，由于有了旗人社会，所以华北没有华南那样的宗族，这似乎是本文最具挑战性的观点，但不客气地说，这是一个伪问题，因为华北的非旗人社会，也不是华南那样的宗族社会。

无独有偶。卢正恒的研究也试图讨论清帝国如何利用"内亚制度"（八旗）来影响中国旧有体制（宗族），并分析帝国如何利用代理人来维持帝国内部差异，其具体的例子就是被抬入汉军旗的施琅家族。暂不论其结论如何，这样一种切入方式——以"华南研究"的惯用主题和方法却以"内亚视角"导之——都很好地构成了"华南研究"与"新清史"的对话。但同样遗憾的是，由于较少通过地方民间文献分析对有清一代施氏的宗族活动，仅据施琅及其一二高官后代偶尔回乡省亲、参与修谱之举，很难得出八旗制度影响宗族制度的结论来。众所周知，无论明清，宗族往往凭借族中出仕之人扩大自己在地方上的影响，朝中之人一般也会注意照顾原乡宗族的利益，施琅等与原乡族人的关系难道超越了这种模式、甚至使后者在当地社会结构中的角色与他姓宗族迥然相异了吗？当然，我相信清朝统治者试图通过某种方式来控制包括宗族在内的汉人社会组织，但一般不会是用将汉官抬入八旗的方式。因为按照清制，汉官抬入八旗需要较为复杂的条件，而要达到上述目的，必须要搞一套比较普遍的相关制度出来，而不是靠个别人。

陈博翼的文章通过分析闽南漳浦的堡寨来观察迁界前后的地方社会变迁，这似乎是典型的"华南研究"。正如他在文中所提及的，陈春声的《从"倭乱"到"迁海"》一文，率先将明清时期这两个重大事件纳入一个区域历史的脉络中去理解，并反过来认识两大事件在区域历史变迁所扮演的角色（潮州的堡寨问题同样在陈春声的文章中得到讨论），因此他的当务之急，就是要讲出超越陈春声的地方在哪里。这个超越不是指细节的补充，而是指问题的深化。文章最后指出的迁界之后的社会重组，彻底消弭了明清之际民盗不分的乱象，似乎正是陈春声文章的结论。此外，既然放在一个"华南研究"与"新清史"对话的专题下，也需要说明内亚视角与文章的关系，而不仅是勉强指出帝国对汉人社会也需要处理像边疆非汉社会那样的边界与社会重组问题，因为对后者的讨论并不是"新清史"或"内亚视角"带来的，而毋宁说是人类学带来的，甚至是传统的边疆民族史固有的。

许临君的研究是关于新疆的，但却是关于新疆的汉人，自然也不会使用在地族群的语言文字材料，就此而言，此文并非出自"内亚视角"；同时，由于研究并非基于田野调查和民间文献，所以其"华南研究"色彩也不鲜明。但是这篇文章有个很好的焦点，就是作为湘军崛起过程中被重塑出来的长沙地区城隍神定湘王，如何成为清末新疆最大的汉人群体湖南人的认同象征。这个过程伴随着左宗棠对新疆用兵行动的结束，与稍早被带入新疆的另一个湖南地方神祇杨泗将军一起，成为北疆地区汉人社会的祭祀对象。这有点类似于我曾提到过的明初奴儿干都司设置后建立起来的永宁寺，成为"国之大事，在祀与戎"（实际上是"祀"紧随"戎"）的最好说明，也成为"异域"变成"新疆"的文化象征。从"华南研究"的角度看，这项研究的重点本该落在新疆的湘人群体，包括军人、商人（因为有会馆以及茶叶贸易）和移民（这里可能也有水利的问题）那里，通过具体的描述，展示一个比较特殊的移民社会及其生存状态；但从"新清史"的角度看，这项研究却似乎成为一个说明"汉化"的例证。

蔡伟杰对大沙毕的研究正好提供了一个反向的观察，即移居蒙古的汉人及其后裔的蒙古化。假如许临君能够告诉我们，移居新疆的湘人没有逐渐突厥化或者穆斯林化，那么这两篇文章就足以让我们去探索蒙古和新疆之间的社会文化差异了。当然，即使是在蒙古草原上，靠近长城的汉人板升和水利社会的出现，也提供了不同的历史范本。该文对于"蒙古化"的定义是十分有价值的，值得传统"汉化"论者参考，即包括法律意义上的蒙古人身份、采借蒙古文化和被整合进蒙古社会这三个层次。"华南研究"者也同样认为，无论苗、瑶、畲还是疍家，成为国家的编户齐民便意味着进入"化内"（法律身份），或是他们的社逐渐从大树或石头变成石台或小屋，就成为"汉人"（文化借用）。也即如前所说，"新清史"和"华南研究"在"族群性"问题上，有着相同的动态化认知。文中所引档案透露出的信息读来也饶有兴味，正如作者所说，通过向大沙毕进行捐献以获得"庙丁"身份，是最重要的"蒙古化"标志，但仔细通读全文，这样的关键证据似乎不多，无论居住长短，似乎返回原籍的汉人还是占了大多数。此外除记录捐献的字据外，旗籍登记册似乎应有那些改籍汉人的记录，更可将此论坐实。但如果缺乏史料，也只能徒呼奈何，无法让我们沿着"华南研究"的路数去了解这个社会的重构。除此之外，文章所论颇可与宋怡明的"制度套利"、斯科特的"脱治之术"一起讨论，看看这些汉人及其后裔的"蒙古化"是否同时也给蒙古社会带来变化。

孔令伟的文章被留至最后讨论，不仅是因为这是一篇法制史研究，更主要的是因为我知识结构上的欠缺。作者通过对理藩院满蒙文题本中的若干关于蒙古喇嘛犯罪处理的案例，分析了顺治、康熙至乾隆时期经历了一个由模糊到清晰、由宽待到严格的变化过程，表明了国法与教法之间的天平逐渐向前者倾斜。但这一梳理究竟说明了什么，我并没有看到明确的结论。难道是为了继续在制度上证明清朝皇帝宣称的将满族、汉族、蒙古族、藏族、回族一视同仁的传统认知？这似乎又与"新清史"提出的挑战大相径庭。同样令人困惑的是，作者提出吸纳"华南研究"的方法，利用蒙古地方档案和寺院文书来讨论国法与教法在地方日常生活中的作用，又不在文章的讨论范围，而是作为以后的研究目标。这样，作者用了近半篇幅梳理的学术史和提出的问题，在正文中就没有落到实处。事实上，就制度史或法制史而言，"华南研究"有两个有别于传统研究的、比较重要的观点，一是国家制度的形成与变化离不开能动的人的社会实践，二是社会问题的解决（比如一起官司的判决）必须要放回这个问题产生的具体情境中去理解。因此，历史人类学研究是把眼光聚焦在人的活动和活动发生的社会情境上的。

事实上，对于某种经历了数十年摸索且仍在不断深化的学术取向来说，准确理解其特征并在实践中进行对话，并不是一件很容易的事，譬如对"华南研究"中比较常见的"宗族""民间信仰"等主题，就存在认识上的偏差。更为重要的是，这些概念也并不是那么重要，在很多时候他们只是一些"招牌"。邓庆平曾介绍过比利时人贺登崧神父的研究，⑬我们知道他出自圣母圣心会，那里出过许多"内亚传统"中的重量级人物，比如田清波神父、司律思神父等，所以他也是受欧洲汉学中东方语言学训练出来的，可以说是"新清史"的一家人。贺登崧曾在桑干河南岸一个东西长 60 千米的区域里，选择了 26个村子进行方言调查。他将分隔两个词形的分布区域的界线称为同言线，当若干条同言线的走向重合时，同言线束就形成了，而后者就构成了现代方言学中的"方言边界"。经过调查，他找到了一条南北走向的、横亘在桑干河南岸的方言边界线，但最令人惊讶的是，他结合地方志和田野中发现的碑碣，发现这条方言边界线与这一区域在 10 世纪时形成的一条行政界线大致重合，他将之称为"弘州线"。一直到明朝之前，这条行政界线把桑干河南部分成东西两块，西部行政上隶属于辽金西京路(今大同县)，东部则隶属于金元时代的弘州(今阳原县城)。以此为基础，我们对辽、金、元时期这一区域的社会历史，特别是这一区域划分对明代以后影响的认知，就可能打开一扇新的窗户。所以，贺登崧所做的工作(包括他所做宣化地区的庙宇调查)和"华南研究"或历史人类学的工作是一样的，至少是殊途同归的。

值得我们思考的是，贺登崧(以及当年他的燕大学生李世瑜)具有欧洲汉学或"内亚传统"的教育背景和技能训练，但他的视角和方法却同于历史人类学，两方面的影响高度统一在一起。而在他那个时代，既没有"华南研究"，也没有"新清史"。

注　释

① 参见[日]福田亚细男：《日本民俗学方法序说——柳田国男与民俗学》，36、41、53、55页，北京，学苑出版社，2010。

② 吕微：《走向实践民俗学的纯正形式研究》，载《民间文化论坛》，2014(3)。

③ 参见户晓辉：《返回民间文学的实践理性起点》，载《民族文学研究》，2015(1)。

④ 户晓辉：《从民到公民：中国民俗学研究"对象"的结构转换》，载《民俗研究》，2013(3)。

⑤ 《马克思恩格斯全集》，2 卷，118～119 页，北京，人民出版社，1957。

⑥ 《马克思恩格斯选集》，1 卷，585 页，北京，人民出版社，1995。

⑦ 全祖望：《亭林先生神道表》。

⑧ 本文原刊于《历史人类学学刊》，15 卷，2 期，2017。

⑨ 参见赵世瑜：《从移民传说到地域认同：明清国家的形成》，载《华东师大学报》，2015(4)。

⑩ 见陈博翼：《导言》，载《历史人类学学刊》，15 卷，2 期，2017。

⑪ 米华健：《米华健谈丝绸之路、中亚与新清史：发掘"被遗忘"的人群》，载《澎湃新闻·上海书评》，2017-07-09。

⑫ 参见前引文，以及赵世瑜：《长城内外：社会史视野下的制度、族群与区域开发》，北京，北京大学出版社，2016。

⑬ 参见邓庆平：《贺登崧神父与中国民间文化研究》，载《民俗研究》，2014(3)。

学术史：

从社会史到中国社会的历史人类学

关于近年来国内的社会史研究进展，已有很多专著和文章进行描述，①类似的学术综述即便在日本出版的亦复不少。②因此，这里不拟对国内所有自称社会史研究的成果进行全面梳理，仅对区域社会史研究中被称之为"历史人类学"的取向略做讨论，梳理其所继承的学术传统和发展脉络，介绍其具体研究成果，讨论其理念和方法及未来走向。

一、中国的历史人类学的学术源流

由于当今中国，一些人类学者也使用"历史人类学"的概念进行研究，他们的学术渊源，与使用这一概念的历史学者不尽相同，因此在这里不做讨论。

尽管在中国的社会史研究的过程中，使用"历史人类学"这个概念大体是从 20 世纪 90 年代以后才开始的，而且这个概念来自西方,③但其具体实践却因为从事者的学科背景和知识传统与中国自身的学术发展道路直接相关，即，在中国大陆的社会史研究者中，为什么是其中一部分人，而非另一部分人率先提出了这样的概念。这是与这些学者的学术源流、师承关系以及国际合作伙伴有直接联系的。

首先是 1918 年以来中国的民俗学传统。

关于中国的民俗学运动的早期发展，笔者已有专书详论。④中国现代民俗学的起源，始自 1918 年的"北大歌谣运动"。当时，主要是由文学家和语言文字学者刘半农、沈尹默、钱玄同、沈兼士、周作人等发动，随后，历史学者顾颉刚也加入其中。特别是他自 1919 年初次到过京西的妙峰山之后，又于 1925 年组织调查了妙峰山进香的习俗，并由北大风俗调查会出版了《妙峰山进香专号》。顾颉刚调查妙峰山香会的初衷，是希望通过对现实的民众信仰实践的了解，对上古时期的社神崇拜有所认识。这不仅是历史学者较早进行的田野调查，也可以被视为中国历史人类学实践的早期渊源。傅彦长后来评价说，顾颉刚"不怕辛苦，亲自到民间去调查"的做法，贡献还在其《古史辨》之上。⑤

1927年，顾颉刚辗转来到中山大学，将民俗学传统从北京带到广州。他在这里创建了中山大学民俗学会，创办了《民俗周刊》等刊物，搜集民俗文物，举办民俗学传习班，编辑出版了多种民俗学书籍。这些方式也一直为今天的中山大学历史人类学团队所继承。正是在《民俗》周刊的《发刊词》中，顾颉刚提出了这样的口号："我们要站在民众的立场上来认识民众！我们要探检各种民众的生活、民众的欲求来认识整个的社会！我们自己就是民众，应该各个体验自己的生活！我们要把几千年埋没着的民众艺术、民众信仰、民众习惯，一层一层地发掘出来！我们要打破以圣贤为中心的历史，建设全民众的历史！"⑥

顾颉刚在中山大学期间，在学校内外带动起一批热衷于民俗学或民间文化研究的爱好者。如业余从事民俗学研究的张清水认为："我住在乡间，时与农夫俗子、牧牛婢女接触，所得的成绩，自然会比在城里或都市居住的人们的好。他们说'到民间去'，仍是伏在案上写些尚模糊脑际的材料，又安贵重之可言？"⑦另一位广东人钟敬文在1926年来到广州，后协助顾颉刚编辑《民俗周刊》，在此期间发表过《汕尾新港疍民调查》、《惠阳畲仔山苗民的调查》等文章。在抗日战争期间，他又曾在中山大学短期任教，他与同乡、人类学者杨成志等一起，共同构成了顾颉刚开启的中山大学民俗学传统的源头。

就这一传统对今日之中国历史人类学的渊源而言，我们不得不佩服文学家周作人的眼界。他曾说：

假如另外有人对中国人的过去与将来颇为关心，便想请他们把史学的兴趣放到低的广的方面来，从读杂记的时候起离开了廊庙朝廷，多注意田野坊巷的事，渐与田夫野老相接触，从事于国民生活史之研究，此虽是寂寞的学问，却与中国有重大的意义。⑧

其次是 20 世纪 30 年代以来的中国社会经济史传统。

1934 年，出于对前此发生的"中国社会史论战"的"激昂"和"趋时"不满，避免"把方法当结论"，⑨时在北大任教的陶希圣创办了称为"中国社会史专攻刊物"的《食货》半月刊。此前，又有中研院社会科学研究所陶孟和支持下创办的《中国近代经济史研究集刊》（后改名《中国社会经济史研究集刊》）。全汉昇《宋代都市的夜生活》《中国庙市之史的考察》等社会史论文，便发表于《食货》，梁方仲的《一条鞭法》和《明代户口、田地与田赋统计》等重要文章则发表于《集刊》。更有意思的是，顾颉刚不仅是《食货》杂志的发起者和刊物名称的提出者，而且他还向刊物提出要重视搜读地方志的材料，[⑩]而对地方志的研读，日后成为区域社会史或历史人类学的学者进入地方文献的出发点。

陶希圣和陶孟和的刊物及班底有不同的侧重，前者兼及社会史，时代以中古为主；后者比较强调经济学，时代以近代为主。前者的中坚后来大多转入中研院史语所，后者则主要在中研院社科所。但双方也有交集，比如后者的中坚汤象龙曾在《食货》上发表文章，提出有三大宗材料尤其值得重视，一是明清中央档案，二是地方政府档案，三是各种账簿。他认为，司法档案"是研究中国经济社会背景、人民的痛苦、社会上争端的症结以及社会制度的缺点的好材料"，而"农民或家庭的流水账、店铺的生意账、公司的营业账以及其他关于量的性质的记载"，"可以看出各时各地的农民经济、物值、生活程度、工商发达的情形，以及社会的组织"。⑪而这些正是日后区域社会史或历史人类学研究最为关注的文献。

几乎与此同时，中山大学史学研究会所编《现代史学》《岭南学报》《厦门大学学报》均出版了中国经济史的专号或专论，形成南北社会经济史研究的遥相呼应，由此开启了这几个大学作为中国社会经济史重镇的历程。如傅衣凌便在《现代史学》上发表了《秦汉之豪族》《论中国的生产方式与农民》《中国佃佣制评论》等文章，他利用民间契约文书研究福建佃农经济，逐渐形成了"以民俗乡例证史，以实物碑刻证史，以民间文献（契约文书）证史"这种"把活材料与死文字两者结合起来"的研究方法，⑫构成了此后区域社会史的重要研究取向。而梁方仲在传统史籍之外特别注意发掘方志、黄册、鱼鳞图册、易知由单等地方文献和契据册籍来研究王朝制度与地方社会。他的研究秉承的"大处着眼、小处下手"的理念，所追求的"属于社会的、民众的""理想中的新史"⑬与傅衣凌是共通的。

再次则是人类学的中国研究传统。

20世纪30年代，吴文藻倡导"社区研究"，将功能主义社会学人类学引介入中国研究，其弟子费孝通、林耀华以英文撰写的著作在海外中国研究界也产生了重要影响，成为日后历史人类学研究最重要的学术遗产。但比较直接的影响是施坚雅（George William Skinner）和弗里德曼（Maurice Freedman）的研究。前者不仅提出了关于中国历史发展的时空关系的理论，更重要的是他从作为能动者的人的行为出发来理解和解释市场网络、区域乃至国家;⑭后者的华南宗族研究则指出了乡民可以根据自己的需要主动地建构宗族，即强调了普通人的能动性。⑮于是，欧美对中国研究的关注点便开始从社会结构层级转移到了人以及人际关系的基层制度——市场、宗族，对地方越来越感兴趣，并试图去理解各个区域如何成为一个整体世界。但在施坚雅形式主义经济学的分析框架里，农民是一个理性的经济人，文化意涵未被认真考虑；而弗里德曼虽把文化置于分析模型的中心，但其基于功能主义的假设建立的模型，让人难以连接具体的历史过程。

此后，陆续有人类学者以华南为切入点，对中国文化传统的统一性与多样性展开讨论，如武雅士（Arthur P. Wolf）从民间宗教切入，认为人们的信念和仪式反映了皇朝权力体系的层级，而仪式又体现了人们的亲疏之别。[16] 华琛（James L. Watson）则透过神明标准化和丧礼研究，探讨大一统的文化如何在大众文化层面传播。[17] 而华德英（Barbara E. Ward）提出的意识形态模型更直接影响了后来的历史人类学对此问题的思考。她借由香港渔民研究提出社会认知过程牵涉三套不同社会认知（social consciousness），一是"我对我所属的社群"的看法，二是

"我对我所属社群所归属的社会"的看法，三是"我对周围的社群"的看法；在认知发展过程中，一和二的看法越拉越近，而一和三越拉越远。[18]作为熟悉社会-文化理论的历史学者，科大卫（David Faure）在其对香港新界的历史解释中，透过礼仪变化来看社会变化，分析国家的传统如何变成乡土的传统，[19]成为华南历史人类学研究的滥觞。

在中国社会的历史人类学研究的萌发阶段，必须提到 20 世纪 70 年代的"台湾省浊水溪与大肚溪流域自然史与文化史科际研究计划"（简称"浊大计划"）。此项计划由张光直、李亦园主持，在对台湾特定区域社会进行田野研究的基础上，试图以祭祀圈模型修正施坚雅的理论。经由"浊大计划"成长起来的庄英章、陈其南后来分别成为"闽台社会文化比较研究计划"和"华南传统中国社会文化形态研究计划"的主要推动者和重要参与者，而后者正是华南的历史人类学研究的起步。

二、中国历史人类学的研究实践

今天，人们往往把内地历史学者的历史人类学研究与台湾地区陈其南为代表的"华南研究"直接挂钩，而所谓"华南研究"，在被日后的论者视为某种社会史研究范式之前，是若干个研究计划，以及由此形成的松散的研究群体。

20世纪70年代中后期，萧凤霞（Helen F. Siu）、科大卫、王崧兴[20]和华德英相继任教于香港中文大学，开启了一些地方研究计划。在这期间，萧凤霞在北京、上海寻求合作伙伴未得，便与中山大学的青年教师刘志伟、陈春声合作，在广东中山小榄等地进行田野研究，科大卫也同时开始在珠江三角洲开始进行地方史研究。1988年，科大卫主持"珠江三角洲传统乡村社会文化历史调查计划"，与中山大学刘志伟、陈春声、罗一星、戴和等合作，在珠江三角洲地区开展田野调查。1991年，华南研究会在此基础上成立。同年，时任教于香港中文大学人类学系的陈其南主持的"华南传统中国社会文化形态研究计划"（简称"华南计划"）启动，这个计划的目标在于"结合人类学的田野研究和历史学的地方文献分析，针对华南几个代表性的地区社会，分别从事几个主要社会文化层面的深入考察，尝试透过当代社会科学的研究方法对中国传统社会的特质提出一些属于本土性的观点。"[21]

与此同时，经由武雅士介绍，台湾"中央研究院"民族所开始与厦门大学人类学系和历史学系合作。并且自1989年起，在武雅士、庄英章和杨国桢主持下与斯坦福大学合作开展了"台湾与福建基本民族志调查研究计划"，用三年时间对闽台两地二十多个县市进行民族志资料的采集与研究，举办了三次"闽台社会文化研究工作讨论会"（参见1994－1996年庄英章、潘英海编：《台湾与福建社会文化研究论文集》）；自1994年起，又开展了华南农村社会文化研究，在上海、福建、江苏、浙江四省市调查了16个村（参见1998年庄英章、潘英海编：《华南农村社会文化研究论文集》）。特别是郑振满与加拿大麦吉尔大学丁荷生（Kenneth Dean）自1984年起，就一起开展田野调查、观看仪式、收集文献，随后进行了"闽台道教仪式与民间信仰研究"计划。从1993年开始，两人合作对莆仙平原仪式系统进行调查研究，并于2010年出版了成果。② 他们的合作，把欧洲汉学的宗教研究传统，与傅衣凌重视民间文献和乡族组织的传统结合了起来。

这些有合有分的研究，促成了1995年科大卫在牛津大学召开的闽粤地区国家与地方社会比较研究讨论会。这次会议可以说具有方法论提升的意义，此后这个团队的学者开始比较自觉地明白自己所从事工作的目的。他们试图通过对珠江三角洲、潮州地区和莆仙地区的社会文化特征以及历史进程的比较研究，考察不同地方社会面貌与历史上文化建构的关联，追问不同历史时代的国家究竟是什么。同年出版的《扎根乡土》(*Down to Earth*)一书所展现的思考展示了后来历史人类学的几个基本视点，[23]即不将区域作为一个固定的地理范围，而是看作一个有意识的历史建构过程，并且认为这种建构可以透过与建构相关的文化表达加以把握。市场网络和行政结构并非塑造文化的独立变量，它们与文化意涵在区域认同的发展中相互缠绕。

1990年，梁洪生因到厦门大学做中国经济史的访问学者，从此在"思想和方法论上发生了革命性的转变"[24]，1992年他开始参加莆仙地区的田野调查。邵鸿则自先秦两汉经济史转入乡村社会研究，他们对乐安县流坑村的考察开启了江西区域社会史研究。[25]赵世瑜则在同一时期独立展开了华北庙会的调查研究，并在20世纪80年代末90年代初结识了科大卫、陈春声、郑振满等之后，开始了对北京东岳庙及妙峰山、丫髻山碧霞元君信仰的碑刻调查。特别是他在攻读民俗学博士学位之后，与人类学者、民俗学者有了较多的交流与合作，在不同的传承系统之下产生了与华南研究的共识。也正是从这一时期开始，以闽粤为中心的华南研究开始汇入了来自华北和长江流域研究的支流，并成为日后在中国各地开展历史人类学研究的基础。

正是在与人类学者的合作与互动的过程中，社会史研究悄然出现了从制度取向到文化取向的转变，而这与国际学术界在人类学的影响下从社会史和旧的文化史中衍生出"新文化史"同出一源。陈春声最初研究的是清代广东的米价，他始终把物价问题放在社会经济整体中加以考虑，与货币结构、仓储与社会控制等问题联系起来考察。㉖刘志伟的早期成果是关于明代户籍与赋役制度的研究，他将户籍放在地方社会运作中加以理解，从而揭示了户从人丁事产结合体转变为纳税账户这一制度转变为社会转型所提供的可能性。㉗郑振满虽然早就聚焦于明清时期福建的宗族，但与日后相比，还是更加侧重于作为社会组织实体的宗族制度及其不同形态。[28]赵世瑜的早期研究则是明清的胥吏，力图把这一群体从制度史的框架中带到社会分析的框架中去。[29]但进入20世纪90年代，他们的研究主题几乎全都转向了寺庙、民间信仰、宗族、族群等人类学研究中最常见的主题，更加强调文化象征的解析和文本批评,[30]这是讨论这一研究取向的学术史时不能不注意的一个重要转向。

但到这个时候，"历史人类学"还没有成为这群学者所从事研究取向的正式标签。尽管法国年鉴学派史学家如勒高夫、比尔吉埃尔，英国人类学家普里查德、美国人类学家萨林斯等早已强调了历史学与人类学的互动意义，在欧洲人类学和史学中已开始了历史人类学实践，但各自的理解和目的是很不同的。[31]直到2001年2月，中山大学成立历史人类学研究中心；2003年4月《历史人类学学刊》开始出版，同年8月开始在全国范围内举

办以阅读民间文献和田野观察相结合为特点的历史人类学高级研修班，历史人类学这一概念才被正式使用。㉜

此后，这一研究取向继续展开一系列研究工作，作为这一取向的较具代表性的成果，自2006年起至今，三联书店出版了"历史·田野丛书"。㉝2010年，在香港政府大学委员会的支持下，开展了为期八年的"中国社会的历史人类学研究"项目，研究成果也在陆续出版中。

在已出版的研究中，对珠江三角洲地区、韩江流域、莆仙平原地区的研究显然走在前面。科大卫、刘志伟、萧凤霞通过考察珠江三角洲地区的"民田—沙田"空间格局和聚落形态，揭示了一个复杂的社会与文化结构的形成过程。经由明初国家制度的推行、正统末年的"黄萧养之乱"和乱后的秩序重建、明中叶士大夫的兴起和礼仪秩序、明末清初的动荡和清中叶的粮户归宗等历史过程。可以说，珠江三角洲"民田—沙田"格局体现的是一种文化权力的结构，形成了珠三角独特的、鲜明层

级化的聚落格局。㉞

陈春声对韩江流域的研究把视角从朝廷的军事行动措施转移到地方社会的具体场景，超越了帝王视角中的治乱叙事，将韩江流域地方社会自 16 世纪以来四百年间的动乱、聚落形态变化与社会转型视作一个连续的过程。在从明到清的整个历史过程中，韩江流域各个不同的人群经历了不断的分化和重新整合，乡村社会的权力结构几经颠覆和重建，族群标签也多有变化，并且逐渐产生了新的"我群"认同（如"客家"的产生）。㉟

郑振满、丁荷生在近 30 年的田野调查和民间文献搜集基础上，尝试建立一个综合性的历史地理信息系统。通过这个系统，可以考察莆仙平原历代的水利建设、聚落形态、行政系统、士绅分布、家族迁徙、社区关系等，由此再现一个较长时段的整体史。在重建莆仙平原聚落发展史的过程中，郑振满重点讨论了影响聚落关系的各种因素包括了水利、政区、械斗和仪式联盟的空间分布。他从民间信仰及其相应的社会组织的层面，来看官方政治体制和意识形态如何对民间社会文化产生影响，也就是要说明国家如何"内在"于社会的问题。㊱

关于华北的研究起步较晚，且由于华北进入王朝体系的历史更加悠久，层累现象更加明显，因此需要更加艰苦、细致的努力才能理出区域的内在脉络。赵世瑜通过对北京东岳庙、晋东南以及晋祠地区等地的研究，认为华北研究要特别注意国家的在场、长时段与连续性和北族南下的影响。此外，不仅要关注华北腹地、中原地区的社会历史，还要重新审视长城沿线内外的社会历史。㊲

上述研究带动了较为年轻的一代学人在空间的广度和问题的深度方面的拓展。沿着制度史传统的区域分析，黄国信等讨论了食盐专卖制度在湘赣粤界邻地区的调适机制，并且从灶户的视角出发描摹了盐场社会；㊳从区域的角度看，对广东的研究有贺喜、黄海妍、肖文评

（前揭书）；在华北方面，杜正贞将山西泽州的村社传统放在一个较长的时段加以分析，力图发现晋东南地区乡村社会结构的独特性；乔新华探讨了山西洪洞在明清时期的变化如何营造了类似大槐树传说之类文化现象产生的情境，郝平等人的研究使近现代山西历史的变革在乡土中得到了更深刻的理解；[39]长江中游地区的研究也获得了长足的进步，如黄永豪、谢晓辉对湖南水利垸田、信仰礼仪的研究，[40]张小也、杨国安、徐斌对湖北的叛乱、宗族、水利与保甲团练的研究，[41]以及李平亮、饶伟新对晚清以至土地革命时期江西士绅与地方政治、生态、族群与阶级的研究；[42]在已有的福建区域研究基础上，刘永华对闽西四堡地区礼生的研究重现了"文字下乡"对乡村社会的影响；[43]特别是对西南地区的探讨，除温春来、张应强、连瑞枝、陈贤波外（前揭书），马健雄对拉祜族的研究、[44]梁勇对四川巴县移民社会的研究等，[45]都揭示了不同的区域历史过程。而吴滔、谢湜以江南地区为对象，把历史人类学的研究路径运用到区域历史地理的小尺度研究中，开拓了历史地理学研究的新视角。⑯

可以说，这些研究成果虽然未必都很成熟，有些也只是长期研究的起步，但已经可以使我们对以往传统中国、特别是明清中国有了重新认识和解读的可能。同时，无论是在材料的利用、涉及的问题还是在区域历史脉络的把握上，也比海外中国研究中同类研究成果有所推进。

三、历史人类学的理念与方法

在上述区域历史研究实践背后，蕴含着这一具有"历史人类学"标签的群体所共享的一些研究理念与方法。

从国家的历史到人的历史。传统史学，无论是王朝的史馆制度下的修史还是 20 世纪后实证主义主导的学术潮流，无不是以国家，或者说集体行动者作为叙述主体，"人"的因素被不知不觉地埋没了。具体表现为：

第一，内容上以治乱更替为中心或以进化论观念下的文明"进步"为中心。这二者本质上是相通的，要么是把王朝国家替换成了"中国""中华民族"或者"中华文明"等概念，勾勒出其类似有机生物体的进化过程，要么将其抽象为一种社会形态的进化。

第二，在史料上，以官方档案、典籍（经史为主，子集辅之）为史料。

第三，在表达方式上，使用的是文人话语。易言之，研究者与其研究对象（文人士大夫写作的史料）是思维同构的。

第四，在认识论上，将国家、文化等概念当作本质化的实体，而不是将其视作人的行为建构的结果。在这种认识论下所谓的人，被看作"人民""群众"等抽象集体，而不是活生生的、有利害关系的、懂得运用文化策略的、具有历史经验、有矛盾的心理和情绪的"人"。

所以，传统史学与新史学的根本区别不在于是英雄还是人民、眼光向上还是眼光向下、王朝国家还是民间社会这种二元对立的选择，而是究竟如何理解"人"。历史人类学秉承的基本理念则是要把作为能动者的人当作历史的主体，以人的行为作为历史解释的逻辑出发点，而不是把国家等集体行动者作为历史主体。⑰

具体的生活中的人之行动，导致了各个区域社会不同的"结构过程"，⑱它或许可以成为区域社会史研究的方法论平台。萧凤霞指出，过去的人类学家一直不必要地把"结构"和"变迁"这两个概念截然二分，实际上社会文化结构应被理解为一个历史过程。要明白能动者"人"的作用，必须探讨"结构过程"（structuring）而不是"结构"（structure）。人透过他有目的的行动，织造了关系和意义结构的网络，这个网络又进一步帮助或限制他们作出某些行动，这是一个永无止境的过程。刘志伟进而指出，对历史学家而言，一旦用一些固定化的概念去表述变动中的结构的时候，就会影响人们对历史事实的了解和历史的陈述，史学家应该致力于展现地域社会文化结构的动态过程。[49]

如果不同的区域性研究最后的学术指向是比较一致的，尽管所揭示的区域历史面貌、特征与机制不同，但却共享了一个方法论平台，即各个区域性研究都在揭示该区域的结构过程，那么，各个区域性研究才可以相互比较，才可以构成理解更大尺度的区域的组成部分。

在这样的理念之下，为什么历史人类学的研究实践一般体现为区域社会史这个问题也就自然有了答案。历史人类学所言的区域，既不是一个没有人的自然地理范围，也不是以国家为基准划分出来的"次国家单位"。区域是一个分析工具，而不是简单地外化为社会历史的事实。对"区域"的界定是与人的活动和认知相联系的，换言之，区域是能动者的人通过其行为建构并且借由其认知表达的场域。既然区域是与人紧密相连，是作为探究人的分析工具来被考察的，那么"区域"是否典型、区域的"微观"研究是否与"宏观"的全国性讨论具有同等价值之类问题就不再是问题，所谓跨区域也就是区域研究的应有之义而不是需要回应的挑战。

从区域社会史研究出发，探讨中国"既统一又差异"、地方传统多元性和中国文化大一统之间的关系是近年来历史人类学所从事的重要课题，也是前述卓越领域计划项目《中国社会的历史人类学研究》的主题。在研究中，团队成员围绕着科大卫提出的一个重要分析概念——礼仪标签（ritual markers），来分析明清时期各个地区的地方传统如何整合起来的过程。

地方信仰和仪式所体现的地方传统的延续，是一个不言而喻的事实。但地方传统的歧异性，可以同样是人们文化正统性认同标签的多样性。在不同的时空，通过师承关系、文字传播和国家力量推行制造出来的正统化样式在概念和行为上可以有相当大的差异，漫长的历史过程制造了很多不同层面意识模型的叠合交错，形成表现不一但同被接受的正统化的标签。我们要研究的，不只是中国文化的"大一统"的结构本身，而是形成其结构的复杂历史过程，尤其需要对不同地域历史演变作比较的研究。⑩不同于以法律为核心的欧洲社会，中国社会秩序是以"礼仪"为核心，建筑形式、行政制度、产权代表、武装力量等都是礼仪的表征，因此"礼仪"可以作为理解统一性的切入点。⑪

在这样的理路下，历史人类学重视民间文献与田野调查的研究方法也就很好理解了。通过百姓日常生活中生产和使用的文献，可以借此发现历史上官府与士人以外生活世界的思维与行为逻辑。在田野中不但可以收集资料，还能在现实中寻找历史的痕迹，帮助我们回到文字记录的历史现场或者说文本的语境，乃至理解我们文字传统以外的世界。"田野的意义绝不仅仅在于弥补历史文献的不足，对于一位有心的研究者，田野往往能够呈现出另一个层面的历史——普通百姓眼中的历史，这种历史在一个仅习惯于解读文献的史学工作者看来或许失于雅驯、甚至荒诞不经，但它却是乡民们心态的真实表达，是他们诠释过去与现实的方式。"[52] 在这个意义上，田野也是历史学者反思自身历史认识的机会。

在某种意义上说，也可以把历史人类学研究表述为"在空间中理解时间"。即研究者总是从人们生活的某个具体的空间坐标入手，通过描述和理解这一空间坐落中的文化标签（如上述形形色色的"礼仪标签"）是如何生成和演变的，以重构其历史过程。赵世瑜曾以民国《宜章县志》的地图和谈及当地人群分布的描述为例，指出这样的一个空间结构所呈现的，实际上是一个历史的或时间的过程。在这个被叙述的空间结构中，北部的县城以及章、武、岑三河流域起初几乎占有了这个结构的中心和大部；因为这是这里最早的汉人聚落地区，而中部的三堡地区则反映了明代中叶汉人与瑶人此进彼退的历史过程；至于南部的莽山、西山等瑶人生活地区到清代中叶后才进入人们的视野。把地理空间还原为一个时间过程，"这个过程中既有客观的动力，也有主观的因素，不仅一个县如此，一个流域，一个国家乃至更大的区域，均是如此。区域社会史或历史人类学所要做的，便是寻找造就这个空间结构之历史过程的各种动力和要素"。㊿

中国的历史人类学研究虽已开展了 30 年左右的时间，但如果按照这样的做法，其实还有大量工作亟须开展。

首先，从空间的层面上说，其他各个地区的研究还很少做到珠江三角洲地区那样的程度。就北方地区而言，不要说河北、河南、山东被触及的地区很少，就是像山西、北京这样的地方，相对其丰富的资料来说，所做研究还远远无法说是把握住了比如汾河流域、相近的冀中平原之类区域的历史脉搏。至于今天被特别重视的"内亚"地区，由于以往队伍中存在的语言文字及宗教、民族知识欠缺，也几乎没有任何涉及。在这样的情况下，在区域研究基础上的整体认识与把握是不太可能做到的。

其次，从时间的层面上说，假如我们以珠江三角洲地区的"结构过程"作为基准的话，其他地区可能经历了若干个"前结构过程"，或者说，到了珠江三角洲的明清时期，其他地区已经是经历"再结构过程"了。所以，对于不同的区域来说，比如江南，唐末五代到宋初这一段时期是很关键的；而对长江中游的两湖地区以及江西来说，宋元时期的"湖区"开发是很重要的，都很像珠江三角洲的明代。但是，对这些地区的更早时段的研究，我们还没有提炼出很好的方法，即我所谓"文献民族志"的方法。[54]

但恰恰是因为存在这样的问题，中国的历史人类学的工作才有更为远大的前景，还需要若干代人的辛勤努力。如果持之以恒，以一种开放的、尊重所有研究风格，而非墨守成规、故步自封的方式来工作，这种研究是可以在国际历史学术中占有一席之地的。

注　释

*　本文原载日本中国史学会：《中国史学》，25 卷，2015-10-26。该文系与申斌博士合作撰写，特此说明，并致谢意。

①　参见冯尔康：《中国社会史研究概述》，天津，天津教育出版社，1988。赵世瑜、邓庆平：《二十世纪中国社会史研究的回顾与思考》，载《历史研究》，2001(6)。常建华等：《新时期中国社会史研究概述》，天津，天津古籍出版社，2009。定宜庄：《三十年来社会史研究的回顾与反思——以明清时期为例》，载《历史研究》，2008(6)。行龙、胡英泽：《三十而立：社会史研究在中国的实践》，载《社会科学》，2010(1)。《东西方思想交汇下的中国社会史研究》，见杨念群：《空间·记忆·社会转型——"新社会史"研究论文集》，上海，上海人民出版社，2001。

②　主要有：(1)彭卫：《近五十年中国古代社会生活史研究述评》，载《中国史学》，6 卷，1996。(2)王先明：《近十年中国社会史研究述评》，载《中国史学》，6 卷，1996。(3)张思：《近 20 年来的中国社会史研究》，载《中国史学》，15 卷，2005。(4)黄东兰：《中国史叙述的新たな可能性を探って——『新社会史』·『新史学』の両誌を中心に》，载《歴史と地理》，621，2009-02。(5)張俊峰、[日]井黒忍訳：《1990 年代以降の中国水利社会史研

究》，载《中国水利史研究》，40号，2011。其中(1)概述的社会生活史曾一度被认为继社会结构之后社会史的主要研究对象，(2)(3)主要侧重南开大学的近代社会史研究，(4)是对孙江、杨念群、王笛为代表的"新社会史"群体的研究概述，(5)则是对山西大学行龙团队研究的总结。

③　中国历史学者较早知道这个概念是通过法国年鉴派史学家勒高夫所编《新史学》中所收比尔吉埃尔《历史人类学》一文，参见［法］勒高夫等：《新史学》，229～260页，上海，上海译文出版社，1989。此外，Marilyn Silverman and P. H. Gulliver 所编 *Approaching the Past: Historical Anthropology through Irish Case Studies* (Columbia University Press, 1992)，中译本为贾士蘅译，名为《走进历史田野——历史人类学的爱尔兰史个案研究》，在1999年为麦田出版股份有限公司出版。我于台北购得后将此信息告知中山大学的同人。此时，中国的人类学者王铭铭出版了他的《逝去的繁荣——一座老城的历史人类学考察》一书(杭州，浙江人民出版社，1999)。

④　关于民俗学运动的详细背景，参见赵世瑜：《眼光向下的革命：中国现代民俗学思想史论(1918—1937)》，北京，北京师范大学出版社，1999。

⑤　顾颉刚：《妙峰山》(影印本)，上海，上海文艺出版社，1988。

⑥　顾颉刚：《发刊词》，载《民俗周刊》，1928(1)。

⑦　张清水：《由歌谣中见出广东人嗦槟榔的风俗》，载《民俗周刊》，17-18合刊，1928。

⑧　周作人：《立春以前》，上海，太平书局，1945。

⑨　陶希圣：《编辑的话》，载《食货》，1卷，1期，1934。在该期刊登的《食货学会会约》中，用的是"中国经济社会史"这个词，应该是并指经济史和社会史。

⑩　陶希圣：《搜读地方志的提议》，载《食货》，1卷，2期，1934。

⑪　汤象龙：《对于研究中国经济史的一点认识》，载《食货》，1卷，5期，1935。

⑫ 傅衣凌:《我是怎样研究中国社会经济史的?》,载《文史哲》,1983(2)。

⑬ 参见《史学周刊·发刊词》,载《益世报》(天津),1934-04-13。

⑭ William Skinner, "Marketing and Social Structure in Rural China", Part 1, 2, 3, *Journal of Asian Studies*, Vol. 24, No. 1-3(1964—1965). William Skinner, "The structure of Chinese history", *Journal of Asian Studies*, Vol. 44, No. 2 (Feb. 1985). Maurice Freedman, *Lineage organization in Southeastern China*, London: Athlone Press, 1958. Maurice Freedman, *Chinese Lineage and Society*: *Fukien and Kwangtung*, London, Athlone Press, 1966.

⑮ Maurice Freedman, *Chinese Lineage and Society*: *Fukien and Kwangtung*, London: Athlone Press, 1966.

⑯ Arthur P. Wolf, "Gods, Ghost, and Ancestors", Arthur P. Wolf ed., *Religion and Ritual in Chinese Society*, Stanford University Press, 1974.

⑰ James L. Watson, "Standardizing the gods: the promotion of T'ien-hou along the South China coast, 960—1960" in Andrew Nathan, and Evelyn S. Rawski ed., *Popular Culture in Late Imperial China*, *eds. David Johnson*, Berkeley, University of California Press, 1985, 292—324.

⑱ Barbara E. Ward, "Varieties of the Conscious Model: The Fishermen of South China", in Michael Banton ed., *The Relevance of Models for Social Anthropology*, London, Tavistock Publication Ltd., 1965.

⑲ David Faure, *the Structure of Chinese Rural Society*: *Lineage and Village in the Eastern New Territories*, Hong Kong, Oxford University University Press, 1986.

⑳ 王崧兴:《汉人与周边社会研究:王崧兴教授重要著作选译》,香港,唐山出版社,2001。

㉑ 刘志伟:《华南研究计划追记》,载《问俗观风:香港及华南历史与文化》,华南研究会,2009。

㉒　Kenneth Dean, Zheng Zhenman, *Ritual Alliances of the Putian Plain*, Leiden, Brill, 2010.

㉓　David Faure and Helen F. Siu eds., *Down to Earth：The Territorial Bond in South China*, California, Stanford University Press, 1995.

㉔　史克祖：《追求历史学与其他社会科学的结合：区域社会史研究学者四人谈》，载《首都师范大学学报》，1999(6)。

㉕　梁洪生：《江右王门学者的乡族建设——以流坑村为例》，载《新史学》，8 卷，1 期，1997。邵鸿：《明清江西农村社区中的会——以乐安县流坑村为例》，载《中国社会经济史研究》，1997(1)。

㉖　陈春声：《市场机制与社会变迁：18 世纪广东米价分析》，广州，中山大学出版社，1992。

㉗　刘志伟：《在国家与社会之间：明清广东户籍赋税制度研究》，广州，中山大学出版社，1997。

㉘　郑振满：《明清福建家族组织与社会变迁》，长沙，湖南教育出版社，1992。

㉙　赵世瑜：《吏与中国传统社会》，杭州，浙江人民出版社，1994。

㉚　如刘志伟：《历史叙述与社会事实——珠江三角洲族谱的历史解读》，载《东吴历史学报》，2005(14)；陈春声：《信仰空间与社区历史的演变——以樟林的神庙系统为例》，载《清史研究》，1999(2)；赵世瑜：《祖先记忆、家园象征与族群历史——山西洪洞大槐树传说解析》，载《历史研究》，2006(1)，等等。

㉛　参见[法]勒高夫等：《新史学》，36、40 页，上海，上海译文出版社，1989；Marshall Sahlins, *Historical Metaphors and Mythical Realities*, University of Michigan Press, 1981. Marilyn Silverman and P. H. Gulliver, ed., *Approaching the Past：Historical Anthropology through Irish Case Studies*, Columbia University Press, 1992.（中译本为贾士蘅译：《走进历史田野——历史人类史的爱尔兰史个案研究》，21 页，台北，麦田出版股份有限公司，1999）

㉜　这个高级研修班自 2003 年至 2014 年每年举办，由香港大学、中山大学、北京师范大学、厦门大学、香港中文大学、香港科技大学、北京大学先后联合举办，约有数百名学员参加，目前从事区域社会史或历史人类学研究的中青年学者大多经过这个班的培训。此后，这种田野研习营的方式日益普遍，其在这一研究取向的学术史上应占有重要的位置。

㉝　已经出版的著作有：赵世瑜的《大历史与小历史：区域社会史的理念、方法与实践》、黄国信的《区与界：清代湘粤赣界邻地区食盐专卖研究》、黄志繁的《"贼""民"之间：12－18 世纪赣南地域社会》、连瑞枝的《隐藏的祖先：妙香国的传说和社会》、张应强的《木材之流动：清代清水江下游地区的市场、权力与社会》、温春来的《从"异域"到"旧疆"：宋至清贵州西北部地区的制度、开发与认同》、郑振满的《乡族与国家：多元视野中的闽台传统社会》、郑锐达的《移民、户籍与宗族：清代至民国期间江西袁州府地区研究》、贺喜的《亦神亦祖：粤西南信仰构建的社会史》、黄海妍的《在城市与乡村之间：清代以来广州合族祠研究》、陈贤波的《土司政治与族群历史：明代以后贵州都柳江上游地区研究》、肖文评的《白堠乡的故事：地域史脉络下的乡村社会建构》。

㉞　刘志伟：《地域社会与文化的结构过程：珠江三角洲研究的历史学与人类学对话》，载《历史研究》，2003(1)。科大卫、刘志伟：《宗族与地方社会的国家认同：明清华南地区宗族发展的意识形态基础》，载《历史研究》，2000(3)。

㉟　陈春声：《从"倭乱"到"迁海"——明末清初潮州地方动乱与乡村社会变迁》，见《明清论丛》，2 辑，北京，紫禁城出版社，2001；《地域认同与族群分类：1640—1940 年韩江流域民众"客家观念"的演变》，载《客家研究》（创刊号），2006；《聚落形态与社会转型：明清之际韩江流域地方动乱之历史影响》，载《史学月刊》，2011(2)，等等。

㊱　郑振满：《乡族与国家：多元视野中的闽台传统社会》，北京，生活・读书・新知三联书店，2009。Kenneth Dean and Zheng Zhenman, *Ritual Alliances of the Putian Plain*, Brill, 2009.

㊲　赵世瑜：《大历史与小历史：区域社会史的理念、方法与实践》，北京，生活·读书·新知三联书店，2006；《大河上下：10世纪以来的北方城乡与民众生活》，太原，山西人民出版社，2010；《圣姑庙：金元明变迁中的"异教"命运与晋东南社会的多样性》，载《清华大学学报》，2009(4)；《村民与镇民：明清山西泽州的聚落与认同》，载《清史研究》，2009(3)；《赤桥村与明清晋祠在乡村网络中的角色》，载《社会科学》，2013(4)；《晋祠与熙丰新法的蛛丝马迹》，载《史学集刊》，2014(6)；《时代交替视野下的"北房"问题》，载《清华大学学报》，2012(1)；等等。

㊳　黄国信：《区与界：清代湘赣粤界邻地区食盐专卖制度研究》，北京，生活·读书·新知三联书店，2006。盐场研究可以举出段雪玉、叶锦花、李晓龙、徐靖捷等的博士论文。理论总结参见李晓龙、温春来：《中国盐史研究的理论视野和研究取向》，载《史学理论研究》，2013(2)。

㊴　杜正贞：《村社传统与明清士绅：山西泽州乡土社会的制度变迁》，上海，上海辞书出版社，2007。乔新华：《为什么是洪洞：大槐树下的文化传统与地方认同》，北京，人民出版社，2010。张俊峰：《水利社会的类型：明清以来洪洞水利与乡村社会变迁》，北京，北京大学出版社，2012。郝平：《丁戊奇荒：光绪初年山西灾荒与救济研究》，北京，北京大学出版社，2012。韩晓莉：《被改造的民间戏曲：以20世纪山西秧歌小戏为中心的社会史考察》，北京，北京大学出版社，2012。胡英泽：《流动的土地：明清以来黄河小北干流区域社会研究》，北京，北京大学出版社，2012。

㊵　黄永豪：《米谷贸易与货币体制：20世纪初年湖南的经济衰颓》，桂林，广西师范大学出版社，2012。黄永豪：《争水与争地——湖南大通湖天祐垸个案研究》，载《历史人类学学刊》，11卷，1期，2013。谢晓辉：《帝国之在苗疆：清代湘西的制度、礼仪与族群》，载《历史人类学学刊》，11卷，1期，2013。

㊶　张小也：《史料、方法、理论：历史人类学视角下的"钟九闹漕"》，载《河北学刊》，2004(6)。杨国安：《国家权力与民间秩序：多元视野下的明清两湖乡村社会史研究》，武汉，武汉大学出版社，2012。徐斌：《明清

鄂东宗族与地方社会》，武汉，武汉大学出版社，2010。

㊷ 李平亮：《"卷入大变局"——晚清至民国时期南昌的士绅与地方政治》，北京，经济日报出版社，2008。饶伟新：《论土地革命时期赣南农村的社会矛盾——历史人类学视野下的中国土地革命史研究》，载《厦门大学学报》，2004(5)。

㊸ Yonghua Liu, *Confucian Rituals and Chinese Villagers*：*Ritual Change and Social Transformation in a Southeastern Chinese Community*，1368－1949. Leiden, Brill, 2013.

㊹ 马健雄：《再造的祖先：西南边疆的族群动员与拉祜族的历史建构》，香港，香港中文大学出版社，2012。

㊺ 梁勇：《移民、国家与地方权势：以清代巴县为例》，北京，中华书局，2014。

㊻ 吴滔：《清代江南市镇与农村关系的空间透视——以苏州地区为中心》，上海，上海古籍出版社，2010；《从"因寺名镇"到"因寺成镇"：南翔镇"三大古刹"的布局与聚落历史》，载《历史研究》，2012(1)。谢湜：《十五至十六世纪江南粮长的动向与高乡市镇的兴起——以太仓璜泾赵市为例》，载《历史研究》，2008(5)；《明前期江南水利格局的整体转变及相关问题》，载《史学集刊》，2011(4)；《十五、十六世纪江南赋役改革与荒地问题》，2012；等等。

㊼ 刘志伟、孙歌：《在历史中寻找中国——关于区域史研究认识论的对话》，香港，大家良友书局有限公司，2014。

㊽ 萧凤霞：《廿载华南研究之旅》，载《清华社会学评论》，2001(1)。

㊾ 刘志伟：《地域社会与文化的结构过程：珠江三角洲研究的历史学与人类学对话》，载《历史研究》，2003(1)。

㊿ 科大卫、刘志伟：《"标准化"还是"正统化"——从民间信仰与礼仪看中国文化的大一统》，载《历史人类学学刊》，6卷，1－2合刊，2008。

51 科大卫：《祠堂与家庙——从宋末到明中叶家族礼仪的演变》，载《历史人类学学刊》，1卷，2期，2003。

㉜　温春来：《从"异域"到"旧疆"——宋至清贵州西北部地区的制度、开发与认同》，12页，北京，生活·读书·新知三联书店，2008。

㉝　赵世瑜：《旧史料与新解读：对区域社会史研究的再反思》，载《浙江社会科学》，2012(10)。

㉞　群体内部已经开始思考这方面的问题，见郑振满：《新史料与新史学：郑振满教授访谈》，载《学术月刊》，2012(4)；也已开始出版这方面的系列成果，如郑振满：《碑铭研究》，北京，社会科学文献出版社，2014；饶伟新：《族谱研究》，北京，社会科学文献出版社，2013。分别作为厦门大学民间历史文献研究中心所编《历史文献论丛》的第一、二辑。但涉及更早期的文献的工作还是很少。

概念：

结构过程·礼仪标识·逆推
顺述

经过 20 年的努力，区域社会史研究已经从华南（包括珠江三角洲、潮汕地区、香港新界、福建莆仙平原等地）渐次扩展到华北、西南等更为广阔的地域范围。① 在这一过程中，研究者们内部逐渐认识到，如何突破原有的解释框架、观察角度和提问方式，以及如何在更深入的层次上与华南研究对话，是使研究进一步深化的重要前提；而在研究者外部，也已有学者提出，在区域研究的基础上，通过区域比较，回应跨区域的问题，从而达到一种整合性的认识，是区域社会史研究面对的重大问题。②

一、关于"结构过程"

在对珠江三角洲地区历史进行研究的基础上，萧凤霞(Helen Siu)和刘志伟将他们的工作解释为对这一地区600年的"结构过程"(structuring)的分析。③我认为，这一术语可以作为不同区域历史研究共同的核心概念之一，也可以作为多学科区域历史比较的理论平台。④

作为一个对历史有特殊偏爱的人类学者，萧凤霞将人类学的核心概念之一的"结构"视为一个动态的过程，从而使言人人殊的"历史人类学"有了一个统一的概念工具。她对"结构过程"的含义是这样表述的：

> 我们一直以来往往不必要地把"结构"和"变迁"这两个概念截然二分。实际上，我们要明白"个人"在分析研究中所发挥的"作用"，要了解的不是"结构"(structure)，而是"结构过程"(structuring)。个人透过他们有目的的行动，织造了关系和意义(结构)的网络，这网络又进一步帮助或限制他们作出某些行动，这是一个永无止境的过程。

将此表述还原到区域史的研究中，就是说，研究者所要做的，就是认识特定区域内的个人或者人群怎样通过其有目的的行动，去织造出关系和意义的网络，也即制造出一个"结构"，其后，这个结构又影响着他们的后续行动。这个行动—结构—行动的延续不断的过程，就是历史。

当然，关于结构的动态过程的认识并非由此开始，列维-斯特劳斯将结构静态化的做法早已遭到皮亚杰的批判。皮亚杰指出：

> 当然，人的结构并不是没有出发点的，如果说任何结构都是一种发生过程的结果的话，那么在事实面前应该决然地承认，发生过程总是从一个比较简单的结构向一个更复杂的结构的过渡，而且这样一个过程是按照没有止境的后退过程进行的（根据现有的知识）。⑤

他最后下结论说:"不存在没有构造过程的结构,无论是抽象的构造过程,或是发生学的构造过程。"⑥因此,萧凤霞的认识是沿着皮亚杰对结构人类学的批判思路展开的,但其展开不仅是一种学理上的逻辑论证的结果,也是历史人类学田野实践反思的结果。

历史学者刘志伟在自明初以来的600年历史中发现了若干重要的结构过程要素——沙田的开发、作为文化谱系的宗族的建构、神明体系在地方的建立、户籍制度的确立及其演变、作为身份认同表征的族群之形成,等等。这些重要的关系网络涉及地理空间、村落形态、生业、市场、土地经营、社会组织与等级、族群分类、信仰仪式诸方面,后者则构成珠江三角洲的社会结构。而这一结构的形成与演变(即结构过程)经由明初的军事征服、正统末的"黄萧养起义"、嘉靖时期的礼仪改革、清初的迁海等若干历史阶段,最后到清中叶以后,形成了我们日后可以通过文献和田野观察发现的珠三角社会。

而这一"可发现"的事实又证明了该社会对其后百年历史的影响。

用刘志伟常用的图示说明这个结构形成和演化的过程也许更为直观：

	明初·军事征服/土豪控制/垛集军户/屯田	明正统年间·黄萧养起义/秩序重建/户籍整理/信仰正统化	明代中叶·士大夫化/礼仪改革/宗族/商业化	清代·迁海与复界/粮户归宗/户籍制度改变/土地分类登记	
地理空间					开边/埋边(里面/外面)
村落形态					块状村落/无定居(条状村落)
生业					桑基鱼塘/稻田
市场					城市市镇/稻米市场
土地经营					地主/耕户与耕夫
宗族					大族/水流柴
信仰仪式					正统化神明/无庙
社会等级					士绅/编户齐民/无籍
族群分类					民(汉)/蛋家

左侧是分析一个区域社会结构需要考虑的各个要素，当然这也是通过研究在珠江三角洲明清时期的社会

场景中发现的主要要素，在其他区域社会中未必相同；右侧是这些要素在明清珠江三角洲地区的具体呈现，这种两分法是为了便于理解而简化的，可以视为某种清代中晚期的结果；中间的部分则表示从明初开始的过程，其中的每一个事件都标志着形成右侧那些结构要素的重要时间点。需要指出，这样一幅结构过程图及其中的因果关系是很多具体研究的结果，而不是先验的。

在华南其他地区的研究中，作者们虽然未必一一言明，但都揭示了不同地区的结构过程，尽管它们经历的重要历史时段或有不同，结构过程要素也各有差异。福建莆仙平原的开发可以溯自宋代，木兰陂水利工程的修建、儒、释、道势力的博弈及民间信仰的正统化，都显示了该地区的崛起。相邻的广东潮州地区通过"双忠公信仰"的建立等个案，也表明了当地自元代起与韩愈时代的分野。在这两个地区，明代中叶以后的海上贸易成为它们的结构过程中的重要结点。而自珠江三角洲地区的发展以后，台湾地区自明末以后也开始进入了这样一个历史序列，显而易见地，该地区的开发与前面三个地区的结构过程有着密切的联系。

如果我们按照华南研究的模式，将区域的大规模深度开发作为该区域结构过程的表征的话，那么其他区域的这一过程显然处在历史的不同阶段：华北腹地在春秋战国时期、江南在东晋南朝至隋唐，特别是洞庭湖与鄱阳湖区在南宋至元、西南地区在晚明至清、东北地区在晚清民国——恰好构成了一个完整的中国历史的序列。如果这一多少有些粗疏的概括符合事实的话，那么"先发"的区域在此后必然经过一个或数个"再结构过程"。也就是说，虽然同处于一个时代，但华南地区的明清，不等于华北地区的明清；华北腹地已或多或少地经历过了的结构过程，华南地区在明清时期才开始经历，而前者在明清时期所经历的，可能已然是新一轮的"再结构过程"了。如果承认这一点，做区域社会史或社会经济史研究的人，就不会将明清时期的华北与同时期的华南或江南做简单的类比。

不仅如此，对于研究华北的学者来说，关注春秋战国时代的结构过程十分重要，关注此后的再结构过程也同样重要。这既是华南研究的启示，也是与华南研究之间的不同。或许，我们也可以只使用"结构过程"这个概念，即将某区域先后接续的若干过程各自独立看待，但这样我们会切断其间的关联。

近年来，人类学者黄应贵就"历史人类学"的主题发表了一系列文章，并结集为《人类学的视野》一书，⑦其中的《进出东台湾：区域研究的省思》与《区域再结构与文化再创造》等文，专门论及这一问题。他试图提出"区域再结构"与"文化再创造"的课题，使其成为台湾研究跳出区域研究限制的概念工具。黄应贵将人流、物流、信息流和资金流视为导致区域再结构的直接动因，这些要素的流动造就了区域的新面貌，而这个"区域再结构是个动态的历史过程"，由此充分显示了他的人类学之历史化。

黄应贵的主张对于历史学中的区域研究突破原有框架颇有启示。其实，当我们讨论某一区域历史的结构过程时，并不会将其视为最初的开发及文化创造过程，在这个结构过程之前，已然存在形成区域历史的各种人类活动，不过，为了与此后的"再结构过程"相区别，我们将某区域历史的"结构过程"定义为该区域在历史上第一次大规模的深度开发，而且这一过程的影响可以在随后的历史中发现。比如珠江三角洲地区自明初开始的这一过程，不仅可以在现代社会中看到，而且在此前是没有发生过的。相对而言，此前影响区域历史的结构性要素是个别的或者微弱的，甚至是潜在的。

人类学者的"区域再结构"虽然是个"动态的历史过程"，但这个过程的时间段（time span）一般不甚漫长，而且就在最近的百年内，往往是从殖民时代到后殖民时代。对历史学者来说，区域历史所经历的"再结构过程"可能不止一个，而且绝不止数百年之久。于是，试图揭示这些过程的历史学者将会面对更大的困难。他们不仅要像人类学者那样面对空间或文化上的他者，还要面对时间上的他者，这些他者的眉目一个比一个更模糊。而且，如果确定某区域历史的再结构过程不止一个的话，就需要确定原有的结构如何破坏、新的结构要素如何替代旧的。就此而言，由于学科的特性不同，人类学者的"区域再结构"大体上是单数的，而历史学者的"再结构过程"大多是复数的。

人类学者的"区域再结构"是向前看的，但历史学者的结构过程或再结构过程都是向后看的，难点就在于越向后看，材料就越少，结构性要素就越模糊不清，让人无法确定。以华北为例，我们不能像华南那样，从今天依然可见的历史遗存中，结合历史文献去确定那些明代以来的重要的结构性要素，因为我们不能断定哪些要素是明代或清代开始出现的，而哪些要素是宋代或者元代、甚至更早就存在了。因此，华北的研究就必然是长时段的。我们必须借助考古学的成果，同时对早期文献重新进行审视，力图发现区域历史早期的结构过程和再结构过程。这时，区域社会史研究者引以为傲的民间文献和田野观察成为可望而不可即的东西，但人类学的视野依然是重要的，这会使我们对古代历史提出新的解释。

区域社会史研究者往往是通过观察现代社会去反观那个距离最近的结构过程的，因为眼前的种种现象，是这个结构过程的延续。我们或许也可以采用这种逆向的方法，去观察历史上的结构—再结构过程。比如，我们试图在明清时期的区域社会中发现前此某个结构过程延续下来的浓重痕迹，从而发现这个过程中的重要结构要素，进而把握该结构过程。相对于它，明清时期该区域历史的结构过程就变成了"再结构过程"。

区别某区域历史的结构过程和再结构过程，要看构成原有结构的过程是否中断；判断这一过程是否中断，则要看特定的区域人群是否在继续编织那个"关系和意义的网络"。同时，当历史发生重大变化的时候，原有人群或新的人群是否开始努力编织新的网络，从而开始一个新的"结构过程"。我认为，原有的关于历史分期的讨论，或者是近年来关于"变"与"不变"的讨论，也都可以在这样的理路下得到重释。

二、关于"礼仪标识"

2010年，香港卓越领域计划（AoE）项目《中国社会的历史人类学》启动，在项目的计划书中，科大卫提出了"重要礼仪标识"（significant ritual marker）这个概念。⑧当时的定义是："地方社会的成员认为是重要的、实际可见的礼仪传统指示物（indications of ritual tradition）。"

尽管科大卫后来表示，他自己是从不喜欢下定义的，下这样的定义只是出于无奈,⑨但是我们也知道，某些或清晰或模糊的核心概念可以提供给我们一个讨论的平台，也可以成为区分我们的学术主张与他人主张的标志，否则我们自己也有可能在那里自说自话，甚或不知所以。

为了阐明我们的学术主张，尤其是为了说明我们目前所做区域研究的方法及其对历史学的意义，我们认为有必要对这个概念及相关问题略作解说。

科大卫曾经作过这样的表述：

> 对我来说，严肃的田野工作就是我们学会如何找出并理解我们选取的乡村的仪式标记（ritual marker）。一般来说，这些标记体现在明代以来兴修的建筑物的形制。我们可以把各时期修建的情况按时序排列，探问地方社会在这些建筑物出现之前是怎样的一种状态。比如说，广东的佛山以祖庙著

称，在祖庙出现之前，佛山是个怎样的社会？如果我能回答这么一个问题，我相信我就对明初的社会有多一点了解。⑩

在前面提到的论文集文章里，他也给"礼仪标识"下了定义，即"地方社会的成员所认为是重要的客观且可见的礼仪传统标识"（objectively observable indications of ritual traditions considered to be significant by members of local society）。他随后罗列了一些"重要的礼仪标识"，包括：称谓、拜祭核心（神、祖先等）、建筑模式（比如家庙）、宗教传统、控产合股、非宗教性的社会组织。虽然科大卫没有详细解释，但可知他定义的范围是比较宽的。所以，我以为还会包括具有神圣性的自然物（比如榕树、社坛里的石头）、口述传统、壁画、雕塑等图像、仪式行为（如打醮）以及碑刻、科仪书等文本，不一而足。今天联合国教科文组织定义的"非物质文化遗产"

大多都是这样的"礼仪标识",所谓被群体或个人视为文化遗产的,等于就是被地方社会成员所认为是重要的。

在讨论这个概念时,有两个比较重要的学术史的语境。一个是前些年学术界将我们的研究戏称为"进村找庙,进庙读碑",尽管有简单化之嫌,但应该说是对我们的研究特点的生动概括。科大卫对此毫不担心,因为在村里,地方文献往往就在庙(包括祠堂)里。他担心的是现在的学者缺乏乡村生活的经验,因而不能准确理解庙里找到的这些材料,或者是据此得出一些似是而非的印象。但我要在这里补充的是,庙宇(以及相关事物)之所以成为乡村生活中重要的礼仪标识,是它们在其中扮演的重要角色,这个角色又不仅是乡村生活的需要,而且还是乡民和国家沟通、使他们和国家的政治生活连接起来,至少使他们看起来像是国家一个组成部分的需要。

近年来不同学科的研究已经证明了这一点,丁荷生对 150 年来从福建莆仙扩展到东南亚的寺庙网络进行了研究，发现的不仅是庙宇背后的家族企业、宗族、不同方言群、会馆、同乡会和结义组织，更重要的是在莆仙形成的仪式联盟逐渐成为"第二政府"，并把这种解决地方问题的方式带到东南亚，在辛亥革命乃至中国改革开放等现代化进程中扮演重要角色。⑪在艺术史领域中，对乡村戏曲、音乐和美术的许多研究同样把眼光投放到寺庙，因为它们往往是在寺庙举行的仪式活动的组成部分。事实上，70 年前的赵树理早在他以晋东南农村的变化为描绘对象的系列小说中，已经生动地揭示了社庙和社首在乡村中的地位，只是在他的描写中，它们应该是革命的对象。而在人类学研究中，这样的问题早就解决了，他们早就认识到寺庙及其附属物之所以在乡民生活中扮演重要角色，是因为它们是国家、家族、各种社会组织以及对世界万物的信仰的象征，即毛泽东在当年社会调查中指出的"四大绳索"——政权、神权、族权、夫权的标识或表征，所以在民间信仰研究以及我们的区域社会史研究中，这方面的成果已经不胜枚举。

在这个意义上，我们对寺庙之类的重视并不同于宗教史或人类学、民俗学等学科的民间信仰研究，更不同于建筑史或艺术史。珠江三角洲历史研究中往往把黄萧养起义视为一个重要的历史节点，可见前列图示。正如罗一星的研究所揭示的，⑫黄萧养事件后，佛山的一批人建起了供奉真武大帝的北帝庙，即现在人们熟知的佛山祖庙，用这样象征国家的礼仪标识表明他们自己对明朝廷的忠诚，与那些"从贼"的人划清界限，由此佛山便有了"忠义乡"的美称。借此，他们就获得了控制地方的权力与合法性，并通过北帝庙会游神的路径与范围把"里面"的人群与"外面"的人群区分开来，成为区域开发的主导性力量。以往的通史或断代史教科书往往把黄萧养事件定义为国家压迫之下的地方民众反抗运动，这当然略显简单，区域社会史研究揭示的是，当黄萧养事件表明明初制度不适应于当地的时候，地方人群如何巧妙地利用象征国家的礼仪标识，来建立一套符合自己需要的治理模式，并努力使国家接受这种模式，这就是刘志伟、萧凤霞在论述"结构过程"时强调的"人的能动性"。

另一个学术史语境是关于"大一统"与多样性的讨论，那是从纪念华琛关于东南沿海天后的研究所引发的。在另文中，我已经概述了讨论双方的主要观点，简单说，就是苏堂栋（D. Sutton）等学者试图通过揭示地方礼仪与信仰中的"异端实践"（heteropraxy）和地方精英的"伪正统实践"（pseudo-orthopraxy）策略，证明标准化机制或正统实践并不总是有效，所以所谓"文化大一统"迟至晚清仍未完成。[13] 而科大卫和刘志伟等学者却认为认识到地方文化多样性实践，应该只是继续研究的起点，而不应该是结论。[14] 意即，在华琛的文章发表了 20 年之后，这样的表述已经成为圈内接受的常识，因此不能对这 20 年来中国社会历史研究的相关成果视而不见，而应在此基础上将对所谓"文化大一统"的机制问题的讨论推向深入，也即，在如此多样化的地方传统之上，是否存在文化大一统（文化一体性）；如果是，它是怎样存在的。[15]

同样，当我们使用"礼仪标识"这个概念的时候，是将其视为谁的标识呢？科大卫认为，地方的礼仪实践，"建立在'正统'的概念之上。当不同的'正统'传统碰撞的时候，就会形成礼仪的重叠"，并举出他所见到的惠安女的服饰作为例子。[16]对此，他的讨论对手也许会有不同看法。的确，如果仅将不同地方形形色色的"礼仪标识"视为各种乡土文化传统的代表——正如现在的"非遗"研究所显示的——固然不错，但显然已经不够了，甚至是有些肤浅了。在科大卫这里，"正统"并不是一个简单的、静态的、被片面理解为代表国家和士大夫传统的概念，它本身是一个不同传统交织、互动的过程，也是不同人群主观认知的结果。他在文中还提到了顾颉刚的孟姜女故事研究，其实无论"正统"还是"礼仪标识"都像顾颉刚的"古史"一样，都是"层累地制造"出来的，就是科大卫所谓的"重叠"。"重叠"（重重叠加）或者"层累"（层层积累），就是前面所说的"结构过程"，至少是某一个结构要素的"过程"。

"礼仪标识"这个概念的提出，正是为了达到科大卫所谓"知道不同的地方史怎样可以连贯成为一个有地方史在其中的中国历史"的目的。虽然并不是只有通过地方的"礼仪标识"才可以做到这一点，但它们的确是很好的切入点。首先，这些"礼仪标识"往往体现了历史上不同人群的意向，体现了各种力量的交互影响，包括国家、士大夫、地方民众、族群、宗教组织，以及传统的因素和新的因素，换句话说，集中展现了多样性与整合性的统一；其次，由于它们往往是以文化与生活表征的面目反复出现，所以比政治性或经济性事物存在得更久远，它们也往往成为地方历史的重要见证。为什么关注美术史的学者研究的壁画、雕塑往往来自寺庙和墓葬？

为什么关注研究戏曲、音乐、舞蹈的学者特别关注宗教仪式？民俗学者为什么会强调神话、传说、故事的语境？人类学者为什么会对文化象征特别感兴趣？《周礼》说"国之大事，在祀与戎"，孔子也要去"观乡人傩"，说明"祀"不仅是国家的大事，也是国家内部不同人群的大事，最重要的是，他们可以通过这件大事，形成至少在形式上的一致，甚至形成不同程度的认同。

通过对上述学术史的回顾，历史人类学者为什么重视"礼仪标识"以及为什么由此入手来重构中国历史这些问题，应该有了比较清晰的答案。如果说，人类学者的历史人类学主要是有针对性地强调历史意识（historical consciousness）和时间性（temporality），历史学者的历史人类学则试图用本土经验提升人类学的某些开放性概念和方法，在描述地方历史进程的基础上，重构更大空间的结构过程，⑰"礼仪标识"或许可以成为这种尝试的统领式概念之一。

"礼仪标识"之所以可以成为某种统领式概念，在于它是人类文化的区分性标志，也是一个跨文化的概念。一方面，中国文化之与欧洲文化不同，最显著的特点之一就是礼仪传统，中国的礼仪文本与仪式实践是互动的和统一的，即具有互文性（intertextuality），官方与民间的各种仪式传统你中有我，科仪文本与仪式行为我中有你。另一方面，一些学者早就指出区域社会史研究要"跨区域"，其实在整体的观照下，跨区域研究是不言而喻的；但更为重要的是跨文化，即不仅在空间上，也在不同的人群、不同的文化传统中，我们都可以找到他们的"礼仪标识"，并通过"礼仪标识"，这些人群、文化传统，甚至空间被区分开来或者整合起来。

经历过 20 世纪 60 年代至 70 年代中苏关系紧张时代的人大多记得，明代的奴儿干都司之设往往是与郑和下西洋相提并论的两个重要事件，出现在大学乃至中学的历史教科书中。现在前者少有人提及了，而后者则因

明代奴儿干都司方位图

"一带一路"而持续火热，便是"一切历史都是当代史"的明证。永乐七年，明朝为了在某种程度上延续元朝岭北行省女真人地区的控制，在松花江、黑龙江领域设立了一系列羁縻卫所，并于永乐九年在黑龙江入海口处设立奴儿干都指挥使司。两年后，第三次巡视此处的女真宦官亦失哈在原有的观音堂基础上，奉旨建造了永宁寺，即"敕建奴儿干永宁寺"，所谓"上复以金银等物为择地而建寺，柔化斯民，使知敬顺"。根据永乐十一年九月《永宁寺记》，在亦失哈所率船队中，包括了明朝在黑龙江流域及辽东建立的玄城卫（在今黑龙江富锦市）、弗提卫（在今黑龙江富锦市）、卜里哈卫（即甫尔河卫，在今牡丹江市北）、快活城安乐州（在今辽宁开原）等女真官员，显示出"祀"与"戎"对国家的双重重要性。

需要指出的是，该碑碑阴为蒙文和女真文的碑文简译，碑两侧均为汉文、蒙古文、女真文、藏文刻写的佛教"唵、嘛、呢、叭、咪、吽"六字真言。这种形式为后来的清朝人所继承，加上佛教对于北族的象征意义，体现了"礼仪标识"的跨文化意义。

尽管永乐碑文中记述当地人表示"吾子子孙孙，世世臣服，永无异意矣"，或宣德碑文中的"国人无远近。皆来顿首，谢曰：'我等臣服，永无疑矣'"，多半是明朝的一厢情愿，或者当地人的权宜之计，但毕竟表明了这个"礼仪标识"宣示主权的象征性，可能正是因此，永宁寺不久就被当地的吉列迷人毁掉了。宣德七年亦失哈再率军队前来后，与辽东都司的都指挥使康政主持重建，并置"重建永宁寺记"碑，同时参与的仍有海西等卫的女真人官员。[18]此后，由于明朝势力在东北地区的退缩，永宁寺不知何时再毁，后不得复建，但这个"礼仪标识"并未完全丧失它的意义。

时至清代中后期，1808年，日本人间宫林藏到黑龙江流域探险，看到"众夷至此处时，将携带之米粟、草籽等撒于河中，对石碑遥拜"。[19]在近半个世纪后的1856年，美国驻俄国商务代办佩里·柯林斯亦到这一地区考察，他更为详细地记述说：

> ……在最西端屹立着两座石碑，其东约四百码，在一块地势稍高的地方，在一个光秃的岩石基础上屹立着第三座石碑。
>
> ……在崖顶的平地上，在最先提到的两座石碑

的后面，有一所大建筑物，现在只剩下一些断垣残壁，……这些断垣残壁现在比周围土地高出六到八尺。石碑附近可以见到几块近乎方形的石块，石块面上四边都刻着一条深达一寸的槽。这些石块或许是贡献牺牲的祭坛，那些槽把牺牲的血引到适当的容器中。这些祭坛从前无疑是造得很高而且是在寺庙里的。

……在最先的两座石碑之间，地上竖立着两根四十尺高的树杆。这两根树杆经过修整，除了树梢以外都剥去了树皮。树杆梢头有几根树枝，上面饰以花圈并用树藤或树皮把那些花圈扎在一起。石碑上绕着用精心加工过的木片或树条做出的花环，中间用柳树枝穿插起来。两座石碑的基址，像祭坛一样，也用刨花做成的花朵加以装饰，这些花朵插满了周围的土地。……这些土著居民对这个地方及其在古代的用途，怀有一种神圣、持久和强烈的信仰，这种木片制成的花朵无疑是一年一度的献礼，还可能加上一头牲畜作为向这个地方的神祇赎罪的牺牲。[20]

按柯林斯的描述，永宁寺遗址到晚清时还有一人多高，石碑也不止我们熟知的那两座，两个"树杆"也许是当初的旗杆。那些有槽的方形石块可能是寺庙的建筑构件，未必是他猜测的祭坛。

我们还不清楚两块永宁寺碑及永宁寺遗址对于当时的当地人意味着什么，也许已经不再是明朝或者清朝统治的象征物，但从柯林斯描述的花圈、花环和花朵来看，它们作为某种"礼仪标识"在晚清依然活着。如果说在明初，永宁寺及其碑记作为明朝势力达致的标识，到了晚清，对于当地人来说，这两块明显是外来物的碑石也许仍具有原初的意义，因为间宫林藏的记载，这里的人与清朝的三姓副都统衙门有明确的统属和贸易关系，这里也是雅克萨之战的战场，但更有可能已经被在地化了，像柯林斯猜测的那样，被当地人视为代表祖先古老传统的象征。

同样作为"礼仪标识"，奴儿干永宁寺背后的结构过程与佛山祖庙有着类似的起点，却又有完全不同的走向。它们虽然都出现于明初，虽然前者是国家主动而后者是地方主动的建构，但都是明代国家向边疆扩展的结果。由于国家对不同边疆地区的管辖策略不同，更由于不同边疆地区的人群对于国家的需求和动力不同，后者逐渐成为一个士大夫社会和国家与地方认同的标识，而前者却成为本来是明清"旧疆"、却成为俄罗斯"新疆"的地方传统标识，即使是由满族建立的大清也没有改变这种状况。

科大卫在谈及"礼仪标识"的意义时曾说："我们这个群体的人都是有兴趣研究地方制度怎样与国家挂钩的。这是一个'国家建构（state making）'的问题。"但在这里的"礼仪标识"上，我们也看到了另外的面貌，即国家建构失败、或者地方制度与国家未能"挂钩"的过程，这个过程是否与西南跨境地区的"不被统治"（not being governed）类似，因为这两个过程恰恰都发生在17世纪以来，处在几个日益崛起的强大势力之间，因而是极值得探讨的。

三、关于"逆推顺述"

如果说结构过程是我们的研究对象，礼仪标识是研究的切入点，那么逆推顺述就是一种特定的研究方式或技巧。在我个人看来，所谓逆推顺述，就是将在自己的田野点观察到的、依然活着的结构要素，推到它们有材料可证的历史起点，然后再从这个起点，将这些结构要素一一向晚近叙述，最后概括出该区域历史的结构过程。

作为历史人类学来说，人类学的田野方法依然是不可或缺的。虽然历史学者的研究对象是已经消失了的过去，在田野中观察到的只是今天的生活世界，但田野方法的本质对历史研究来说也同样适用。陈春声已然说明，置身于历史场景，感受地方民俗风情，在历史场景和历史记忆中阅读文献，必会加深对历史记载的理解，并深刻地理解过去如何被现实创造出来。㉑这既是说在田野中获取历史资料，在田野中观察和理解人的活动的历史，也是说如何对各种历史文献加以"田野"观察，将文献所述尽可能地还原到其产生和改变的历史情境中去理解和重释。

因此，即使是历史学者，即使是先入为主地阅读了一些地方文献，历史人类学研究对地方的了解还是从田野、即现实世界开始的。西南官话中的"坝子"是平地的意思，一个村庄叫作"村坝"，一个场镇叫作"场坝"，甚至自家的院子也叫"院坝"，说明聚落或建筑大多是在平地上建的，这恰是因为西南多山，平地较少而难得的缘故。这种地貌通常有比较明确的空间边界，即周边海拔升高，变为丘陵或山地，其社会的构成就与坝子以外不同，形成相对独立的社会空间单元。所以，较大的坝子往往就成为不同层级的权力中心最早建立的地方，通过占据坝子的优势资源，逐渐将权力向四下扩展，像成都平原、云南的丽江坝子、大理坝子就都是这样的地方。在西南还有一类地貌，就是山间河谷，江河的两岸形成比较狭长的平地，大一点的也称为坝子，但往往离山较近，两侧高山壁立，人们只能以江河为交通渠道，它们可能成为基层权力中心的所在，但其结构过程又与平原坝子不同。至于山地里一家两户相距甚远的"散村"，就更不同了。

我们的研究往往就是从这样的通过田野观察得出的印象开始的。刘志伟对珠江三角洲地区的研究正是这样，他从广州出发向南行进，发现地方上有"里面"和

"外面"这种区分，在地方志这类地方文献中，"里面"往往被称为民田，而"外面"则被称为沙田。前者往往是块状村落，以桑基鱼塘为生业，有较大的祠堂和寺庙，后者往往是沿河的带状村落，种植大片稻田或蔗田，祠堂和寺庙或晚或无，由此梳理出珠三角社会的结构过程，祠堂、寺庙这类"礼仪标签"就是明初以来这个开发过程中宣示权力与权利的表征。正是从询问和回答为什么会产生这种区分的问题开始，我们找到了对某一个历史时段的区域历史过程的叙述起点。

如果我们同样从眼前观察到的历史遗存出发，看到珠江三角洲的区域历史在元明之际存在较大断裂的话，那么在华北的许多地方，我们看到的更多是连续性，而较明显的断裂发生在汉魏之际。从自然景观来看，华北地区并没有太多的改变，这是因为这些地区的开发较早，生计模式已然固定，除了山区之外，已经没有更多尚待开发的空间。而山区的资源相对贫乏，物种相对缺少多样性，无法吸引较大规模的人口流动，所以在近千年的时间里，像南方那样在山区新建州县的举措极为少见。唯一的流动出口就是长城以北和西北地区，也就是日后的"走西口"和"闯关东"。但那里的生态条件和生计模式在相当长时间内限制了习惯于农耕的人们的发展，其结果是有限面积的开发、人口回流，以致缺乏新的区域社会建构。这就是为什么通过对南方的研究，我们似乎可以发现许多不同以往的新的历史解释，而通过对北方的研究，在总体的描述上，我们却似乎在重复或者印证以往的通史常识。

我们可以以山西为例。山西被称为"三晋"，有不同的说法。或说源自战国时期的韩、赵、魏，或按地理形势分为晋南、晋中和雁北，基本上忽略了东面的太行山和西面的吕梁山。虽然太行山区有所谓"八陉"与河南、河北相通，吕梁山区与陕西间的黄河也并非天堑，但直到当代仍属"欠发达"地区。雁北地区长期承受北族的压力，除了在北族政权统治下的时期，其发展多带有军事或准军事的特点。因此其发达地区就是狭长的汾河河谷及其南北两端的盆地群，一是南面的晋南盆地群（临汾、运城、长治），一是北面的晋中盆地群（太原、忻定），形成一个不太规则的哑铃状地带。在这个地带，今天我们看到的许多村落的历史都可以上溯到宋元时期甚至更早，村落形态大多呈簇集形，因生计模式主要为灌溉农业，其分布与大小河流呈正相关。从文化景观看，村落和乡镇中现存的寺庙大多是明清时期的，其次是宋、金、元时期的，再次即北朝、隋唐时期的，汉代及以前的遗存很少，与陕西、河南颇为不同。因此，我们很容易给这一地区进行历史分期，即北朝—隋唐、宋—金—元和明清。但三者之间有没有明显的断裂呢？

如果逆推回去，我们会发现，北朝—隋唐时期这一地区浓郁的胡人影响被极大地扫荡了。考古发现的太原地区胡人墓葬说明，这里曾经存在一个胡人的社会，但其遗存在今天的地面上几乎完全看不到了。佛教的遗存还在，但我们必须仔细地分析北朝—隋唐佛教与宋以后佛教对社会影响的差别，比如社邑与北宋以后的普遍存在的社已经是两回事了，前者表明信仰结社与"自治"结社是分离的，后者则开始有与基层管理体系联系在一起的迹象。再比如，在北朝—隋唐时期，这里是王朝统治中心的腹地，两者的依存关系极为密切；但宋以后，河东地区对王朝的重要性大为消退，这里也没有产生多少在朝廷中举足轻重的人物。所以，前两个时期之间是存在一定断裂的。

相形之下，宋—金—元时期与明清时期之间的断裂就没有那么明显。从王朝的角度看，北宋和明是汉人政权，金、元以及后来的清是北族政权，差别好像很大。但从社会的角度看，北宋时期的确经历过一次重建过程，但金、元时期并没有对原有的制度做出太大改变。金元之际山西一些地方出现了世侯的统治，但很快就消失了；晋东南的社的体系自北宋以来一直延续到民国时期，晋南和太原地区的水利灌溉体系及其基本规则也是历经金、元、明、清而基本未改；在金元时期进入这里的女真、蒙古人群，规模和影响远远无法与北朝—隋唐时期相比，就更难避免迅速融入主流社会；明清时期一直不绝若线的洪洞大槐树移民传说在清末民初被轰然弘扬，也正表明当时的人们对金—元—明连续性的挑战和重塑汉人正统的努力。唯一的不同是明清时期山西商人力量的兴起，但我们至今还不太清楚他们的资本流向，至少这种变化没有明显地改变当地的社会结构。简言之，由于这一时期这里没有也不可能经历如华南或西南那样的开发过程，也就很难看到"入住权"、土客纠纷、族群冲突、士大夫化以及创造和改变"礼仪标识"之类的能动表现，虽可以有"顺庄编里"却没可能有"粮户归宗"这类改变。所以在寺庙和祠堂的背后，看到的更多是调适而非创新。

"逆推顺述"的目的正是为了揭示区域历史的节奏变化，因为"逆推"的起点虽然是当下的世界，但能"推"到哪里其实就是找到某一个历史上的节点，然后使这个节点再成为"顺述"的起点。最古老的中国史书《春秋》其实也是"逆推顺述"，孔子的逻辑起点是当时社会上下的"违礼"行为，就是从他所在时代的失序或社会变动出发的，他所找到的历史节点就是一桩桩"违礼"行为，然后"逆推"回去看这类行为的历史是如何发展下来的。在这个意义上说，"逆推顺述"又不仅是一种研究技术和叙事技巧，而是另一种观察历史的方法论。官修正史的传统从过往叙述至今，虽遵循了时间的线索，但目的在于表达法统的承接和国家的力量，而"逆推"是从当下的生活世界出发，目的在强调"当下"对于历史叙述的意义以及地方人群的活动对形塑历史的重要性。[22]

　　研究古代历史的学者受困于所研究问题史料的缺乏，故而不得不常常采用假设和含混的表达，或是做适当的跳跃，用逻辑的连接替代证据的连接，因此"新史料"的发现往往引发轰动；研究近代历史的学者又往往受困于史料的纷繁，个人无法做到古史研究所倡导的"穷尽史料"并在此基础上作出结论，故而在精细研究和宏观认知之间进退两难。但在当下的生活世界，这两个极端得到了一定程度的平衡，就像顾颉刚研究的孟姜女故事一样，人们口中的孟姜女故事包含了从先秦到当下的历史层累。对于"当下"的人来说，越久远的历史越是碎片，只有成为他们生活资源的部分才会保存下来，这与历史学者面对的情况差不多；同样地，即使晚近的史料再多，如果在他们的生活世界中没有意义，也会被人们无情地忘却。因此，现实世界的生存境遇是一个过滤器，它会告诉我们应该研究什么，历史研究怎样才会有意义，史料过少或过多造成的窘境也会因之得到一定的缓解。

层累地制造古史说的另一个方法论意义，是揭示出每一个稍晚的"层"都可以是稍早的"层"的"当下"，都是可以进行"逆推"的起点。过去我们常常提到从"苏湖熟，天下足"到"湖广熟，天下足"，指的是米粮主要产区从宋代到明清时期的变化过程。湖南、湖北、江西的农业发展与湖区的开发有很大关系，学者们的现场观察和民间文献收集都可以将这一变化推到明初，然后讨论自明初以来的整体社会演变过程，成为新的米粮产区只是这个整体过程的一个组成部分。但我们也知道这一过程并非滥觞于明初，而要追溯自宋代、至少是南宋，那可能是另一个"结构过程"。宋代的遗存在今天当然是难得见了，我们的做法是将明代的传世文献当作"当下"的田野，看看那里面是如何描述明代以前的江西和两湖的，描述了该时期、该区域的哪些内容，结合考古发掘、信仰、传说故事等口碑资料，"逆推"到上一个历史节点。我们已经知道两宋时期的江西已经出了不少名人，也知道江西商人在元代就已经活跃于西南边陲，那个时期的赣江及鄱阳湖流域已经不是一片未开发的处女地。

"顺述"，即按时间由远及近地叙述历史过程，是历史学者习惯的做法。但因"逆推"作为前提，"顺述"的起点及其所涉内容就可能会有很大不同。按照传统的做法，这个起点往往只能是国家或者王朝的预设，我们的王朝断代史就是个典型。比如我们讲明朝的事，往往从太祖开国讲起，顶多从元末起义开始，于是历史叙述就被限定在了王朝叙事的框架内。假如是一部个人生命史，当然也可以从出生讲起，一直讲到生命的完结，这当然是遵循着生命的自然周期，不过也就被限制在其个人叙事的框架内。但一个王朝的兴起与消亡，相对于世界上绵延不断生生不息的众生来说，只是一个"过客"；一个人的生命历程，也不可能脱离他身边的人、事得到描述，当我们从众生的行动及其后果去描述王朝，或者从一个人一生中最重要的经历去描述他，叙述的起点就会不同，"顺述"的内容也会不同，因为每个人、每个地方经历的事是不一样的，即使经历同样的事，他们的反应也可能是不一样的，这些反应反过来对国家或者王朝制度的影响也是不一样的。所以，我们经过"逆推"之后再"顺述"出来的历史，就可能是一部不一样的历史。

站在普通人、小人物，甚至是弱者的立场上讲述他们的故事，从人的活动而非概念化的国家出发理解历史，已不是什么新鲜事；顾颉刚的倡导和年鉴派的实践，都可以从 90 年前说起，华南研究的工作也已开展了 30 年。但是，我们是否已经通过一个个区域研究的个案，重新绘出了一幅历史中国的新貌呢？

虽然前景可期，但目的还没有达到。很多区域历史的结构过程还没有通过大量精细的研究揭示出来——当我刚刚从晋祠对面的北大寺、古城营两村调查归来，就看到金胜、董茹等村的城改签约新闻，我们还不能提供一个可与珠江三角洲的结构过程进行比较研究的北方范例。许多"礼仪标识"在城市化和商业化的剧烈冲击下消失不见了，使我们失去了借以透视其背后的深层社会结构的表征——当我在山东济宁的南阳湖畔，发现了一块嘉靖二年的临清卫左所的社坛碑时，心里是多么激动（研究明史的人应该能够理解），但这类"礼仪标识"过去不是相当普遍的吗？没有了这些"礼仪标识"（或类似的历史遗迹），却充斥着许多伪造的"遗产"，我们又如何能"逆推"到地方历史的某个可供"顺述"的起点？

我们正在用不同的方式和材料做一块立体的镶拼图，这块镶拼图是没有边界的，也就是很难完成的。许多不同的主题碎片叠加成一个小尺度的区域历史板块，然后逐渐凑成一个较大尺度的区域历史板块。由于材料和投入的限制，这些板块之间一定会有许多连接不上的空隙，那些主题碎片的叠加也会高矮不一，但待到较多的区域历史板块被如此这般地镶拼起来之后，这个镶拼的过程就会自然而然地显现出来。

这就是一个很容易明白却做起来不易的游戏。

注 释

＊　本文发表于《清华大学学报》，2018(1)，文中曾有数处不准确的表述，在此予以更正，特向读者致歉。如有征引，请以此为准。

①　这些努力的结果产生了香港的教育资助委员会(UGC)第5轮卓越学科领域计划项目(AoE Scheme)《中国社会的历史人类学研究》(H-01/08)。该项目由全国的区域性团队分头进行。本文亦为该项目的华北子项目阶段性成果。需要说明的是，本文的写作虽然极大地受惠于我同萧凤霞、科大卫、刘志伟的相识与合作，但并未将此文交给他们给予指点，因此文中所述主要是我个人的理解。如果表达有错误或不准确的话，责任完全在我本人。同时，在该项目历时八年即将结束之际，本文亦可被视为个人的学习总结。

②　参见杨念群：《"在地化"研究的得失与中国社会史发展的前景》，载《天津社会科学》，2007(1)。

③　萧凤霞：《廿载华南研究之旅》，载《清华社会学评论》，2001(1)；刘志伟：《地域社会与文化的结构过程——珠江三角洲研究的历史学与人类学对话》，载《历史研究》，2003(1)。本文中涉及这两位学者的引文，皆出自这两文，不赘注。

④　自2010年以来，我曾在若干场合提出这一看法，包括在台湾"中央研究院"史语所等单位主办的闽南文化研习营、暨南大学等处所做《在空间中理解时间》的专题讲演中，都提及"结构过程"概念的意义，并提出不同区域内部的"再结构过程"问题。

⑤　[瑞士]皮亚杰：《结构主义》，53页，北京，商务印书馆，2012。

⑥　同上书，120～121页。

⑦　黄应贵：《人类学的视野》，台北，群学出版有限公司，2006。承蒙黄应贵先生在2012年香港中文大学演讲之际赠送此书，特致谢忱。

⑧　在一些涉及这个术语的文章中，它或被译为"礼仪标签"，或被译为"礼仪标记"，由于"标签"可以对应英文的label，往往是被人认为是如此、

其实并非如此(即贴标签)的意思;而"标记"可以对应英文的 mark,与 marker 相比,后者更强调人的着力营造,而不是一般的鸿爪留痕,故在此一并译为"标识"。

⑨ 参见[日]末成道男:《人类学与"历史"——第一届东亚人类学论坛报告集》,233～239页,北京,社会科学文献出版社,2014。

⑩ 科大卫:《历史人类学者走向田野要做什么》,载《东方早报·上海书评》,2015-10-11。

⑪ [美]丁荷生:《仪式革命:联结莆仙与东南亚的寺庙与信任网络》,载《中国文化多样性研究》,2015(首刊号)。原文见 Kenneth Dean, "Ritual revolutions:Temple and Trust networks linking Putian and Southeast Asia" in *Cultural Diversity in China*, De Gruyter Academie Forschung, 2015.

⑫ 参见罗一星:《明清佛山经济发展与社会变迁》,广州,广东人民出版社,1994。

⑬ *Modern China*, 33:1 (2007), pp. 3-153.

⑭ 《历史人类学学刊》,6卷,1—2合刊,2008。

⑮ 参见赵世瑜:《从移民传说到地域认同:明清国家的形成》,载《华东师范大学学报》,2015(4)。

⑯ 科大卫、张士闪:《"大一统"与差异化:历史人类学视野下的中国社会研究——科大卫教授访谈录》,载《民俗研究》,2016(2)。

⑰ 最近,杜靖撰文讨论了历史人类学之于人类学和社会史之间的不同。由于他重点针对的是人类学者、比如张小军的观点和他所接触到的某些社会史学者的做法,所以在基本观点上并未与我们的看法有什么分歧。但是,正是因为社会史学者也从人类学者的视野和方法那里受惠,从而共享"历史人类学"这个标签,他在文中指出的某些做法,比如历史学者缺乏对夭折的修谱活动缺乏兴趣、对族谱的"虚构"除了批判之外并不加以重视、把民间文献搬回研究中心却不关注这些文献的生产和语境、在清真寺里只忙着抄碑而不注意其他日常生活表征,等等,恰恰也是历史学者的历史人类学所批评的。因此他需要看清而且我确信他非常清楚的是,第一,并非

所有标签为"历史人类学"的研究对这个概念有真正的、完整的理解，用于批评的例子应该是那些比较清楚历史人类学脉络的学者的做法，尤其不适于以并非历史人类学的历史学者为例；第二，历史学者与人类学者毕竟存在分工，历史学者为了了解过去必须更重视史料，这正像人类学者更关注当下，因没有责任寻找历史事实而像历史学者那样在文献学上下那么大功夫。但这种区别并非追求"客观真相"与追求实践者主体性之间的区别，历史哲学已经就历史行动者的主体性如何影响、甚至建构历史进行了多年的讨论，历史学者在这方面也有不少的成果，克罗齐和海登·怀特的观点也不只是影响到史学史或思想史，正如人类学者也同样关注现实生活世界的"客观真相"一样。参见杜靖：《历史如何来到当下——人类学的历史人类学观》，载《社会科学》，2015(10)。

⑱　两碑现存于俄罗斯海参崴的阿尔谢涅夫博物馆及其在彼得大帝街的分馆。

⑲　[日]间宫林藏：《东鞑纪行》，19页，北京，商务印书馆，1974。

⑳　柯林斯：《阿穆尔河纪行》。见查尔斯·佛维尔：《西伯利亚之行》，260～261页，上海，上海人民出版社，1974。

㉑　陈春声：《走向历史现场》，见《历史田野丛书——小历史与大历史：区域社会史的理念、方法与实践》，5页，北京，生活·读书·新知三联书店，2006。

㉒　张士闪教授曾就此问题与我进行过一次私下的讨论，这当然是在本文初次发表之后进行的。他指出，在"逆推顺述"的方法论意义上，除了站在研究主体的立场上申论之外，还要加入研究对象的立场，思考后者与前者的互动关系。他从民俗学的角度出发提醒道："'逆推顺述'作为社会现象，在研究对象与研究主体中都有存在，二者也都存在一个推到何时、因何而述的问题，'推到何时'意味着传统资源或'历史意识'的调取或运用，'因何而述'则是指当下之需。也就是说，作为一种社会现象的'逆推顺述'，其过程中就有了研究对象与研究主体双重的'主观滤镜'，这是田野研究中不能不加以注意的。"因为我们的研究对象在生活中更是对其历史"逆推顺

述"，即以现实境遇为出发点来叙述、解释，甚至创造其历史的。这个提醒是非常重要而且必要的，因为我们所推崇的民间文献、口述传统、仪式表演等史料系统，无不是我们的研究对象的造物。因此，我们对族谱、契约等地方民间文献的产生或制造过程加以了解和分析，是践行"逆推顺述"的题中应有之义。换言之，我们依据地方民间文献所做历史人类学研究，是以我们的研究对象自身的"逆推顺述"为基础的。但在此基础上，研究者的"逆推顺述"究竟如何超越？这不是用当年我们的前辈用"二重证据"来超越传世文献那样的思路和办法就能解决的，因为这不仅是个"科学"问题，而且更重要的是个生活逻辑问题。这个方法论问题需要留待日后认真思考，留待同好的深入讨论。无论如何，以上认识没有体现在我已发表的文章中，因此必须感谢张士闪教授的提醒和启发。

个案：
多元的标识，层累的结构
——以太原晋祠及周边地区
的寺庙为例

2012 年，科大卫对其"中国社会的历史人类学"项目进行了说明，文章的题目是《从礼仪标签到地方制度的比较》。他认为，按照珠江三角洲的经验，地方社会上的多种"礼仪标识"①，往往是当地社会制度的表达。甚至这些宗教—礼仪制度往往代行了国家的职能，对地方社会实行管控和调适。②当然，按照劳格文和科大卫所说，珠江三角洲和徽州的"宗族村""越来越像是中国乡村结构的例外而非常态"。③在刘永华最近的研究中，他也强调了闽西四保地区从明代以来的"寺庙进村"现象，而宗族的建构并未改变当地原有的乡村社会关系。④虽然区域间存在差异几乎是不言自明的，但比较的目的并不仅是为了揭示多样性，对于我来说，它是为了说明不同区域在中国历史演进中的不同位置和角色。

在地处华北的山西，需要讨论的东西远远超过了珠江三角洲历史所提供的经验。晋南的陶寺遗址中的观星台作为一种礼仪标识，已经表现了一个 4500 年前的区域性邦国的社会—文化发展程度。此后在同一地域存在的一直不绝于史的关于尧、舜、汤的传说和崇祀，乃至后世所谓的晋文化，都体现了某种更为复杂却大体上连续的历史过程。然而，珠江三角洲社会的历史人类学研究却并非对山西宋代以后，特别是明清时期的历史没有启示性的意义，因为这一时期各区域社会结构发生的变化，是在一个文化日益趋同的一体化国家的框架内发生的，因此这一时期社会中的各种礼仪标识背后的地方社会制度或多或少、或迟或早地呈现出共性。如果放到中国的范围内去思考的话，山西研究的意义，应该是提供一个区域社会的"前结构过程"或"早期结构过程"，及其如何向宋明以后过渡的经验。

一、叠加的礼仪标识

　　今日的晋祠，即晋祠公园或晋祠博物馆，是包括圣母殿、唐叔虞祠、水母楼等数十所祠庙在内的复合祭祀空间。它周边的村落，指的是由发源于晋祠悬瓮山的泉水所灌溉的 30 多个村落，或行龙所称晋水流域三十六村，⑤总体范围即今山西省太原市晋源区的晋祠镇及相关村落。虽然我们今天看到的晋祠主要建筑，以及周边聚落里的礼仪标识，多是北宋以来的产物，但圣母殿前的周柏、战国至隋唐的许多考古发现，还是可以证明这里有过更为久远的历史。

　　晋祠本身现在已经成为一个旅游场所，而非宗教场所，它与我们在周围看到的村庙、祠堂不同，甚至与具有政治象征意义的黄帝陵等也不同。在某种意义上说，它已经不再是一种礼仪标识，对于研究者来说，它只是收藏着过去的礼仪标识的博物馆或档案馆。对于历史人类学来说，它大体上类似于传世文献，但这也正好展现出历史人类学如何对文献做田野工作的尝试。⑥

晋祠的位置在今天太原市的南郊，但自战国到北宋初，这里才是山西的政治中心；春秋末年赵简子营建的晋阳城，就在今太原以南，晋祠则在晋阳城西南 15 里处。至宋太宗毁晋阳城，在今太原市的位置建太原府城，晋祠才与地方行政中心发生分离，这是晋祠地区的历史以北宋初为转折点的重要因素之一。到明洪武初，复于古晋阳城基础上建太原县城，晋祠重新与次一级行政中心贴近，这一特点有助于我们理解明清时期晋祠地区与当地行政中心的关系，更重要的则是引导我们去探索明代以后区域历史发生了哪些不同于北宋以来的变化。

晋祠中的各种祠庙看起来是散乱无章的，但大体上可以分为四个部分（下图为上西下东）。第一部分是从大

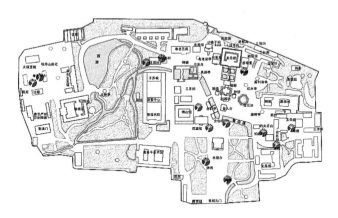

晋祠平面图

门向西的中轴线，由水镜台、金人台、献殿、鱼沼飞梁、圣母殿，以及北侧的苗裔堂、朝阳洞和老君洞，南侧的驼台庙、水母楼、公输子祠，顶上的吕祖阁等组成；第二部分是北部的唐叔虞祠、关帝庙、东岳祠、三清洞、文昌宫等；第三部分是南部的三圣祠、子乔祠和晋溪书院；第四部分就是最南端的奉圣寺了，不过最后这部分在现代以前应是在晋祠墙外的。其中，从金人台到圣母殿这组中轴线建筑，反映的是北宋的历史；圣母殿两侧的庙宇反映的是明代中叶以来的历史；东北角的关帝庙、东岳庙、文昌宫等大体反映的是清代的历史，因此今天看到的晋祠空间，是个历史层累的结果。

除了文献中见诸北朝的唐叔虞祠以外，我们也不能忽略圣母殿前的周柏，据说树龄在 2600～3000 年，以下限算，其年代约与赵简子营建晋阳城的时代相同。⑦《周礼》记载大司徒的职责是："辨其邦国都鄙之数，制其畿疆而沟封之，设其社稷之壝而树之田主，各以其野之所宜木，遂以名其社与其野。"⑧所以古人有"大社唯松，东社唯柏，南社唯梓，西社唯栗，北社唯槐"的说法。⑨本来社树是"各以其野之所宜木"，像华南的社树多为榕树，但后世国家正祀中多以松柏，民间也颇仿效之。当时这个种植柏树而在后世成为一个寺庙群的地方有可能是赵人的一个祭祀的所在。联想到发现赵简子墓的金胜村位于古晋阳城以北 10 余里，与古柏所在的晋祠隔晋阳城南北而对，可知这一地区已有颇具规模的开发。

晋祠的背后(西侧)是悬瓮山,向北依次是龙山和蒙山。在北朝和隋唐,山上修有佛教寺院,凿有石窟,从今天保留下来的造像和造像记并结合文献来看,其规模极为宏大,一直到明清时期还颇有修葺。由于佛教寺院的影响一直存在于后世晋祠周围的村落体系中,所以不能将其排除在我们对晋祠"礼仪标识"的考察之外。

晋祠的前面(东侧)是宋元时期形成的晋祠镇,明代中叶因修筑城墙始称晋祠堡,堡墙和其上的绝大部分建筑今已拆除,其矩形的原貌已无复得见。据当地人回忆,其南门上为三官阁,北门上为真武阁,两门之间有市楼,上为老爷阁。南堡门外有白衣庵,北堡门外有关帝庙和龙王庙,东堡墙上有华严阁和三官阁。由于整个晋祠堡分为南堡、中堡和北堡,因此堡内各庙即为各堡的堡庙,相当于堡外村落的村庙。

晋祠的北邻赤桥因是刘大鹏故里而闻名,清代的总河三村之一。这个村现有观音庙、兴化洞(今名悟园

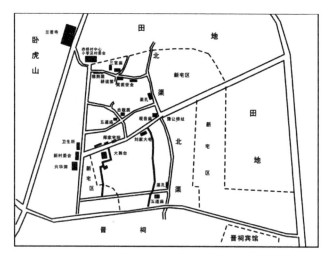

赤桥村示意图

寺)、兰若寺,都是清代建立的。重要的古迹是村口的

豫让桥(赤桥),即史载豫让刺杀赵襄子时藏身的那个

桥,虽此桥不一定就是战国时的原物,⑩村中的两个五道

庙和一个三官庙也是重建的,但在豫让桥、兴化洞和一

处五道庙(刘大鹏称为槐树社)旁,分别有三棵唐槐,可

能就是原来的社坛或其他祭祀场所之所在。

晋祠的东南有王郭村,在明清时期的晋水灌溉体系

中是一个很重要的村落，在这个村落中目前保留着一座明秀寺。据明嘉靖三十八年(1559年)《重修明秀寺记》记载，该寺为"住持僧师伯讳德果"所修，该寺"引以晋水，植以宜木"。但到"嘉靖壬寅(1542年)，边将失守，北狄入寇，经兵火而寺为煨烬"，[⑪]所以十余年后再行重建。此次修庙的纠首21人中，绝大多数为王姓，但列名的却有太原府僧纲司都纲、太原县僧会司署印僧、晋王府的崇善寺钱粮长老、天龙寺住持长老、奉圣寺、闲居寺、晋祠三官庙、隆福寺、圣寿寺等住持，以及周边村落东庄观音堂、索村阁、兴家峪观音堂、柳子口观音堂、东柳林庄观音堂、三家村观音堂、落阳村观音堂、北格东岳庙等的主持，说明明代这里仍有一个庞大的佛寺网络。

此外，王郭村还有一座关帝庙。据道光二十年(1840年)《重修关帝祠碑记》记载，该庙"闻创自康熙四年"，不仅建庙时间较晚，其影响也不如明秀寺。

索村是晋祠的南邻，只是王郭村在官道的东边，而索村在西边。该村有三官庙，有一缺年月的《重修三官庙碑记》，但碑文大部漫漶，依稀可见碑文中有"索村三官庙不知昉自何代，旧碑已载康熙年间重葺，迄今几凡十载"，[12]估计其创修也不会早于明代。

王郭和索村是南河的村落，而在北河各村中，花塔村在明清时期势力最大，这在我以前讨论分水的文章中已经提及。花塔村现存花塔寺一所，据乾隆五十五年（1790年）《重修花塔寺碑记》记载，"浮图多建塔，或此寺原有塔，取释迦佛拈花微笑之义，因名花塔寺，而村即以寺而得名。"[13]又据嘉靖《太原县志》："华塔寺，在县西三里安仁乡。唐贞观八年僧法宝建。内有无垢净光佛舍利塔。……元至正间塔毁，国朝洪武间复建。"[14]此外花塔村还有关帝庙，根据庙外两棵数百年树龄的大槐树来看，此庙亦应有较长历史。据1996年所立《维修关帝庙重塑金身碑记》，"据石碑记载，创造何时何代，无可考证。……清顺治年间战火焚之，日益颓废"，但庙内旧碑无存。

笔者此处不拟将晋祠周边村落及其中的寺庙一一列举，兹据田野调查的情况，大体上每个村都有一个或一个以上的佛寺，还另有一个或一个以上的道教寺庙，同时还有若干五道庙。从时间来看，佛寺的年代往往更古老，或者说有佛寺的地方往往是更古老的聚落。从功能来看，道教庙宇如关帝庙、三官庙之类更像是村庙或者社庙；而在更早的年代，即佛教寺院的网络覆盖程度较高的年代，这样的功能是由许许多多观音堂来体现的。这样的社庙或者村庙往往是更容易毁坏或者被取代的，所以在今天的村落中，观音堂已经比较少见了。从形制、位置和功能来看，五道庙很像是社坛的遗存，一村中往往有数处。至于祠堂，不是完全没有，但的确是较少见的。

于是，我们基于这些"礼仪标识"，发现了晋祠历史上两个相互交织叠加的社会系统。无论是在唐叔虞祠及其背后的西山上，还是在其前方的村落中，存在许多佛寺，这种状况盛于北朝、隋唐，一直延续至今；又由于水利等因素，圣母殿香火自北宋开始大盛，由此启动的区域开发和村落体系的发展，逐步造就了明代中叶以后晋祠内部以水母楼、驺台庙为代表、晋祠外以晋祠堡为代表的大发展。因此这里有一个起源很早且一直延续和丰富着的礼仪式社区的系统，宋代以后又加入了一个围绕水利或以水利为名发展起来的社会系统，二者无法完全分开，却又可以看出明显的分别。

二、见于胡汉间：5—10 世纪的晋祠、佛寺与袄祠

历史人类学这个标签表示的是一种"逆推顺述式"的研究，即从现存的历史遗迹回推到它们所显示出来的这

一地区的历史起点，然后再揭示其后来的发展，在此不赘述。通过前文，当我们把眼前看到的一切向过去逆推的时候，恐怕就不能只推到明代，并以之作为我们叙述的起点。

晋祠建于何时的较早记录还是《水经注》讲晋水和悬瓮山时提到的"唐叔虞祠"。《魏书》的表述是"西南有悬瓮山，一名龙山，晋水所出，东入汾。有晋王祠、梗阳城"，⑮因为没有说明晋王何指，所以唐代《元和郡县图志》进一步解释说："晋祠一名王祠，周唐叔虞祠也。"⑯但它是谁建的，又是怎样的祭祀，郦道元、魏收和李吉甫都没有说。北魏末年的重臣薛孝通系河东大族，晚年受到高欢的猜忌，"曾与诸人同诣晋祠，皆屈膝尽礼，孝通独捧手不拜，顾而言曰：'此乃诸侯之国，去吾何远，恭而非礼，将为神笑。'拜者惭焉。"⑰虽然可能是《北史》作者借薛孝通讥刺高欢之语来褒扬正统，但也说明当时晋祠确是代表"诸侯之国"的一座庙宇。

北魏宣武帝时刘芳上疏讨论郊祀问题，提到"国之大事，莫先郊祀"。其中引"晋《祠令》云：郡、县、国祠稷、社、先农，县又祠灵星。"说明按西晋的礼制，郡、县、国各级都有社、稷和先农的祭祀。他接着举例说："周公庙所以别在洛阳者，盖姬旦创成洛邑，故传世洛阳，崇祠不绝，以彰厥庸；夷齐庙者，亦世为洛阳界内神祠，今并移太常，恐乖其本。天下此类甚众，皆当部郡县修理，公私于之祷请。"⑱周公庙、夷齐庙和唐叔虞祠的性质是一样的，都可能是类似郡、县、国社的地方神祠，也有可能唐叔虞祠是负责农事的灵星祠，因为"参为晋星"。当然这种传统是更早时期的延续，如汉代"民间祠有鼓舞乐"，汉武帝时"汾阴巫锦为民祠魏脽后土营旁"，但因发现了一个周鼎，汉武帝便下令祀汾阴后土。⑲汾阴当地的巫为百姓在魏国的故地造后土祠，说明后土本是战国魏地的一个地方信仰，此时被改造成国家礼仪。

约略与此同时，晋祠附近还出现了唐叔虞墓。[20]据《元和郡县图志》："唐叔虞墓，在县西南十六里。"[21]隋开皇间的《虞弘墓志》中也提到，虞弘死后葬于"唐叔虞坟东三里"。唐叔虞及其子燮在晋南建国，其墓不太可能在太原，所以这应该也是北朝到隋之间某时期的建构，而这种建构的同时出现应该不是偶然的。魏孝文帝时，曾征祖鸿勋"至并州，作《晋祠记》，好事者玩其文"；[22]又《元和郡县图志》引"序行记曰：高洋天保中，大起楼观，穿筑池塘，自洋以下，皆游集焉。至今为北都之胜"。[23]说明北魏时晋祠已为一方胜景，至北齐初则更受重视。

由于缺乏直接证据，我们只能设想这与北族政权对太原地区的重视有关。北魏先定都于平城，后迁都于洛阳，太原正好处在两地之间。由考古发掘可知，晋阳城在西晋的时候规模就已经很大了，到唐代更扩大了一倍有余，是明清时期太原县城的十几倍。在这中间承上启下的是北魏后期到东魏、北齐的阶段。北魏永熙元年

(532年)北魏大丞相高欢灭尔朱氏，在晋阳设大丞相府。两年后迁都邺城，以晋阳为陪都，晋阳的地位得到极大提升。考古发掘看到的城墙夯土层也以北朝时候为最厚，唐、五代都是在北朝的基础上增厚。在这种情况下，郦道元就有可能对以往人们完全不予重视的唐叔虞祠略书一笔。

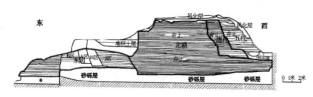

晋阳古城西城墙剖面图④

但也就是这一时期，纷乱已久的族群关系开始发生某种变化。就在迁都后两年(495年)，孝文帝分定姓族，除鲜卑帝族八姓之外，汉人地位与之相同的为"四姓"或"四海大姓"，范阳卢氏、清河崔氏、荥阳郑氏和太原王氏成为北方士族的最高门第。"胡""汉"标签开始被有意模糊。在这种背景下，作为地方历史传统象征的唐叔虞被重新发现，特别是被视为代表中原正统的象征，不是不可想象的。

在唐代修的北朝史书和其他文献中，我们看到大量不同的族群"标签"，但也看到这些标签在实际生活中并不总是显示对立，而是日渐模糊。汉末匈奴内附，曹操便将其安置在晋阳。十六国以来，鲜卑、羯、乌桓、氐、羌等族也随之入晋，由此形成"并州胡"。匈奴人刘渊之父刘豹的时代，匈奴"乃分其众为五部，以豹为左部帅，其余部帅皆以刘氏为之，左部居太原兹氏，右部居祁，南部居蒲子，北部居新兴，中部居大陵。虽分属五部，然皆家于晋阳汾涧之滨，与中国民杂居"。㉕在高欢与尔朱兆发生分裂的前后，大小军阀"各拥兵为暴，天下苦之。葛荣众流入并、肆者二十余万，为契胡陵暴，皆不聊生"。㉖六镇兵为汉、氐、羌、鲜卑、高车等多族构成，却又受契胡的欺压；羯人石勒的"十八骑"也包括了匈奴、乌桓和汉人。在一个纷乱的而非大一统的社会里，为了生存，"天然的"族群身份在普通人那里是要被淡化而非强化的，这甚至会放大到分立的政权和过渡性统一帝国的政治议程里。在晋阳地区北朝至隋唐的墓志中，撰者并未刻意指出许多墓主的北族身份，甚至努力追溯其华夏渊源，这不仅需要从底层的实况而非简单从统治者的政策去理解，而且应跳脱出"汉化"或"胡化"这种出自士大夫意识形态的身份标签去理解。

在这一背景下，我们再来审视此时期晋祠地区的"礼仪标识"。晋阳在北朝时地位抬升的同时，是佛教在这一地区的繁荣。在晋祠背后的天龙山，即从东魏、北齐时代开始凿建石窟，现存两座东魏窟，三座北齐窟。山下有孝昭帝高演所建天龙寺，后更名圣寿寺，一直延续至今。文宣帝时，又在天龙山东北的蒙山雕凿大佛，建开化寺，大佛旁有窟，留有康熙四十六年的题记，说明信仰一直未绝。同时期，在上述两山两寺之间，还建有童子寺，并凿大佛，现留有的唯一遗迹是一座燃灯塔。

> 又于晋阳起十二院，壮丽逾于邺下，所爱不
> 恒，数毁而又复。夜则以火照作，寒则以汤为泥，
> 百工困穷，无时休息。凿晋阳西山为大佛像，一夜
> 燃油万盆，光照宫内。又为胡昭仪起大慈寺，未
> 成，改为穆皇后大宝林寺，穷极工巧，运石填泉，
> 劳费亿计，人、牛死者不可胜纪。㉗

此外，北齐后主高纬天统五年"夏四月甲子，诏以
并州尚书省为大基圣寺，晋祠为大崇皇寺。"㉘可知这一
时期晋祠周围出现了许多具有皇家背景的佛寺，连晋
祠，甚至官僚机构都被改造了。

在北朝，晋阳地区既是一个城市发展的时期，也是
一个战乱频仍的时期。北齐显祖高洋"尝登童子佛寺，
望并州城，曰：此是何等城？或曰：此是金城汤池，天

府之国"。㉙一方面，虽然因城市营造而产生人口集聚，但战争和徭役又极大地影响周边聚落的稳定发展；另一方面，西山一带大修佛寺、石窟，还有大量宗室、贵族的墓地，都城以南又都是皇帝举行郊祀的地方，㉚此时期晋祠附近是否有比较密集的村落，是值得怀疑的。

除上述以外，北朝在这一带建立的佛寺很多，如崇福寺（大寺村）、法华寺、悬瓮寺（悬瓮山）、雨花寺（纸房村）、上生寺（晋源都）、大云寺（金胜村）、仙岩寺，等等，至隋唐时期甚至还在陆续兴建。当然，这些在明代及以后的方志中记录并溯源至较早年代的佛寺，是确系有连续不断的历史，还是后世兴建之后的伪托，无法一概而论。

如今已有不少学者利用造像记等材料讨论过北朝隋唐时期华北乡村中的佛教社邑，知道这些祭祀组织既有地缘性的，也有血缘性的，且可以是僧俗共同参与的，这在华北社会中相当普遍。但在晋祠周边地区尚未发现此类材料，所以较难了解此时期佛教寺院与当地社会的具体关系。据日本僧人圆仁《入唐求法巡礼行记》记述，圆仁经太原前往长安途中，曾"巡礼西山"，至石门寺、童子寺、雨花寺。其时石门寺一僧感得舍利，"太原城及诸村贵贱男女，及府官上下，尽来顶礼供养。……从城至山，来往人满路稠密。"[31]说明当时佛教在当地同样具有深厚的社会基础。

北朝以来这里也居住着不少来自中亚的族群，如粟特、柔然等。十六国时期后赵的石勒及其羯族部下系粟特后裔，他们敬奉祆教的胡天神。至北魏时祆教更受尊崇，灵太后曾令取消所有淫祀，独留胡天神。死于并州的北魏并州刺史苟景墓志盖上的图案，表明了他的祆教信徒身份。其墓志中提到对他极为器重的大丞相尔朱荣及其家族，居住于今忻州、太原一带，也都是信奉祆教的。在北齐"后主末年，祭非其鬼，至于躬自鼓舞，以事胡天。邺中遂多淫祀，兹风至今不绝。"[32]后主高纬长期居住在别都晋阳，这里的祆祠亦应十分普遍，晋阳城东北的北齐徐显秀墓室装饰，就是汉人信奉祆教的代表。就在前述王郭村，曾发现了著名的隋代虞弘墓。虞弘家族来自西域鱼国，为粟特人，不赘。在其石椁床座上，有火坛和半鸟半人祭司的浮雕，多数学者认为这表现了祆教的拜火仪式，但也有学者认为这应该体现了佛教的影响。㉝北齐娄睿墓也在王郭村，娄睿为鲜卑人，本姓匹娄。他的墓中出土莲花装饰灯被有些学者认为是祆教的火坛，其他壶、瓶等也都被认为是拜火仪式的祭器，而壁画中的獬豸实际上则是古代伊朗神话中的神祇森莫夫。㉞

除了墓葬以外，我们没有在这一地区发现具有北族或中亚族群宗教信仰特点的地上遗存，只能将这些墓室中展现的情景，视为墓主及其家族或族群成员生前仪式活动的部分反映。造成这种状况的原因可能有三，一是可能与后世的灭佛运动有关，原来信奉该教的族群逐渐融于汉人；二是可能因为这些人群可以佛教作为其替代性的信仰，如果是这样，我们就可以找到自北朝以来这一地区佛教势力兴盛的重要原因，即佛教可以为这一地区的不同族群所共享；㉟三是因为北宋初对晋阳地区的摧毁性破坏，使原来胡人的礼仪标识丧失殆尽。

根据荣新江的研究，在北朝隋唐的胡人聚落中，一般都有祆祠存在。祆祠作为胡人的宗教祭祀中心，具有以下的功能：胡人聚落管理机构萨保府所在地、祭祀场所、萨保继承仪式和盟誓举行地、凝聚胡人的场所、祈雨之地和医疗场所。㊱虽然文中之例并不涉及晋阳地区，但因这里确有大量胡人、特别是西域胡人存在，因此上述情形也可能在这一地区发生。比如隋大业十一年卒于洛阳的翟突娑，"字薄贺比多，并州太原人也。父娑摩诃，大萨宝"；㊲唐代住在晋阳城安仁坊的龙润，"又署萨宝府长史"，据说晋阳龙氏为粟特后裔。㊳当地方上的胡人渐渐融入汉人社会中以后，原来的萨保府已无须存在，而一般的祭祀、祈雨、医疗等活动也可以在佛寺或者其他寺庙中进行，因为在这些方面，祆祠与佛寺等汉人庙宇的功能没有太大分别，比如晋祠，就是一个重要的祈雨之地。

但是，我们虽然可以确定佛教是北朝隋唐时期最普遍的民间信仰，但却很难根据崇拜的神祇了解其背后的人群。因为自汉末以来，除少数几个时期外，多数的王朝统治者都不排斥佛教，但也无一将其列入礼制，所以对于佛教来说，几乎不存在所谓"神明正统化"的问题，或者说佛教对于多数人来说都是"正统"的。我们常常可以在造像记中看到"诸村邑仪道俗等敬白十方诸佛，一切圣贤"这样的辞句，[39]也就是看不出被赋予具体人群指向性标签的神祇分别（比如唐宋以降的弥勒信仰或明清时期珠三角的北帝）；我们仍可将其视为某种乡村秩序的表征，但却无法得知形成这种秩序的具体过程。

在当时山西的佛教社邑或邑义中，包含胡汉不同族群邑众在内的并不少见，甚至僧俗、官民混杂，已为论者所指出。[40]究其原因，乃是北朝时期社会动荡、人口流动频仍，人们希望建立一种相对稳定的地域关系的产物。有些造像记反映出特定的势力试图借此主导或整合聚落，如肆州邢多等造像的背景是北齐建国后，"是以广□乡豪，立为都将，弟相部领，坊兹丑竖"，而"邢多五十人等，昔因封而居，子孙留偶，今在肆土，为人领袖"；[41]又如阳城天保六年造像记的背景是遭遇战乱，"君建州刺史，仪同云祺，率集营筑此戍，回名州辟，历代居住。上官显□上官达并为此辟戍主，西道大都□□等，忠□申明，武同韩白，以德苞仁，率乡归仰，左清津惜，右肃君境"。[42]上述两者都是地方豪强彰显自己对地方的控制力，或营建以坞壁为中心的势力范围的合法性。由此看来，佛寺作为北朝地方社会的礼仪标识，其包容性和广泛适应性恰好说明王朝国家对地方的松散控制，地方社会也只是需要在礼仪上表达对皇帝的祝愿就够了。

当然，从国家的层面到乡里的层面，社的传统是一直延续的，依据是这些地区是否开始形成稳定的聚落。在北族入据中原之十六国北朝时期，这个传统并未中断，并为北族所接受，如，"初，（慕容）皝之迁于龙城也，植松为社主。及秦灭燕，大风吹拔之，后数年，社处忽有松二根生焉"；又如，"太平十六年夏，自春不雨，至于五月。有司奏右部王荀妻产妖，傍人莫觉，俄而失之。乃暴荀妻于社，大雨普洽"（在社的地方暴晒一个女性，导致下雨），[43]再如北魏孝文帝太和十五年"十有二月壬辰，迁社于内城之西"，[44]等等。

到了唐代，《大唐开元礼》中有"诸里祭社稷"的详细规定。《册府元龟》中记载唐高宗曾于咸亨五年（674年）下诏："春秋二社，本以祈农。如闻除此之外，别立当宗及邑义诸色等社，远集人众，别有聚敛，递相绳纠，浪有征求。虽于吉凶之家，小有裨助，在于百姓，非无劳扰。自今以后，宜令官司严加禁断。"⑤说明统治者不仅把乡里的社祭列入礼制，将其与农事联系起来，还试图用这一与定居聚落有关的制度，置换掉佛教社邑这类与纷乱时期相适应的信仰组织。杜正贞在她的著作中已经提到，在晋南闻喜县的姜阳乡南五保，就有一块《汤王庙碑铭》，记载了唐末彼处祭拜成汤是为了祈雨的事。泽州析城山的汤王庙在北宋也被列入祀典，成为官方和民间祈雨的主要场所。杜正贞也提及自唐代开始在高平、陵川一带流行的二仙庙，以及高平的炎帝庙，都主要是用于祈雨的，并因之将其称为"雨神"。她还认为成汤行宫开始可能只是一般祠庙，随着祈雨仪式与春祈秋报活动的合一，逐渐替代村社中原有的社坛，成为社庙。⑥如是，这些庙宇就是以往乡村社庙或社坛的延伸或者升级版，甚至，这些庙从一开始就是被当作社庙而被建立起来的。而晋祠在唐代文献中的日益凸显，赤桥五道庙等处的三株唐槐，都应与这一趋势是一致的。我们发现，最早的晋祠水利记录，就在唐朝李吉甫的《元和郡县图志》："晋泽在县西南六里，隋开皇六年引晋水溉稻田，周回四十一里。"

郦道元在《水经注》中提及唐叔虞祠，是因为它与水的关系。但是水变得真的重要起来，必然是与这一地区的人口定居和农业耕作有关。我们已知李渊太原起兵便是借口到晋祠祈雨，李世民的《晋祠铭》中也有"其施惠也，则和风溽露是生，油云膏雨斯起"之句，但唐代的另两个故事也是可以说明晋祠的功用，其实唐代人直称其为晋祠，而少称其为唐叔虞祠，也可以作为佐证：

李廓在北都，介休县百姓送解牒，夜止晋祠宇下。夜半有人叩门云："介休王暂借霹雳车，某日至介休收麦。"良久，有人应曰："大王传语，霹雳车正忙，不及借。"其人再三借之，遂见五六人，秉烛自庙后出，介山使者亦自门骑而入，数人共持一物如幢扛，上环缀旗幡，授与骑者曰："可点领。"
骑者即数其幡，凡十八叶，每叶有光如电起。百姓
遂遍报邻村，令速收麦，将有大风雨，村人悉不
信，乃自收刈。至其日，百姓率亲情，据高阜候天
色。及午，介山上有黑云，气如窑烟。斯须蔽天，
注雨如绠，风吼雷震，凡损麦千余顷，数村以百姓
为妖讼之。工部员外郎张周封，亲睹其推案。⑰

这是说晋祠的神灵有霹雳车，介休的神灵前来借以
降雨。另一则故事是说会昌年间，太原大旱：

数百里水泉农亩无不耗致枯竭，祷于晋祠者数
旬，略无阴曀之兆。时有郭天师者，本并土女巫，
少攻符术，多行厌胜之道。有监军使将至京师，因
缘中贵，出入宫掖，其后军牒告归，遂赐天师号。
既而亢旱滋甚，阖境莫知所为，佥言曰："若得天

师一到晋祠，则灾旱不足忧矣。"㊽

可见，晋祠的确是个祈雨之所，但这并不意味着这个具有水神或雨神神格的神祇不是唐叔虞。李商隐的诗里说："信陵亭馆接郊畿，幽象遥通晋水祠"，㊾就是把唐叔虞祠当作晋水水神祠的。又据李德裕所写祭祀唐叔虞的祭文，地方官去晋祠祈求止雨就是向唐叔虞祷拜的：

> 维元和十二年（817年）岁次丁酉六月己未朔，二十一日己卯，河东节度使检校吏部尚书平章事张弘靖敢昭告于晋唐叔之灵，惟神娠母发祥，手文为信，殪徒林之兕，以启夏墟；受密须之鼓，以疆戎索。岂止削桐无戏，归禾有典；宜在晋蕃育，与周盛衰。况式瞻西山，神灵是宅，每廷烟夜簇，岚气朝隮，必肤寸而合，油然以遍，蓄泄在我，神宜主之。属淮雨为灾，粢盛将废，是用率兹祀典，以荣

閟宫。伏愿降福蒸人，撤兹阴沴，俾三农有望，万庾斯丰，永储牺牲，以答神祝。尚飨。

余元和中掌记戎幕，时因晋祠止雨，太保高平公命余为此文，尝对诸从事称赏，以为征唐叔故事，迨无遗漏。今遇尚书博陵公移镇北都，辄敢寄题庙宇。会昌四年（844年）三月十五日司徒兼门下侍郎平章事李德裕。⑤⑩

不过，具有降雨、止雨的功能不一定说明唐叔虞只是一位水神或雨神，晋祠仍有可能就是一个社，关于成汤赴桑林之社祈雨的传说就说明了这一点，前述狄惟谦的故事记录朝廷所颁敕书说他"焚躯起天际之油云，法同翦爪"，就是比喻他与成汤的做法一样；又提到有一女巫在晋祠祈雨，也符合社祭的特点，其实成汤的做法也是巫法。

在一个长达数百年的没有统一集权国家的时期，特别是在北族政权统治下多族群并存的华北地区，胡汉各族通过佛教结社结成某种社会关系，同时兼容汉人的里社和胡人的祆祠。国家与地方豪族乃至民众之间，缺乏有效的行政、税收等制度纽带，而靠可以共享的宗教将不同的人群勉强捏合成一个松散的社会整体。[51]进入隋唐时期，这种情形虽有延续，但亦有明显改观。

我们在目前所发现的北朝造像记和墓志等资料中，几乎没有在晋祠地区看到坞壁组织和邑义组织的存在。[52]如果不是由于资料缺失，就可能是因为这里是统治中心地区，国家的控制力比较强大。也可能如前所述，这一带地区的聚落在北朝时期还比较稀疏。从墓志资料来看，北朝至隋墓主埋葬地点都说得比较含糊，基本上是一个大致的方位，但在唐代的墓志中，写明埋葬地点在某某村附近的便多了起来，如后世之金胜村应即为唐代的金城村，井峪村即唐代井谷村等，这应该是唐代前后聚落发展程度差别的例证。

三、11—15 世纪晋祠地位的凸显与社区重构

在另文中，我已经提到晋祠地区历史发生转折的几个重要事件。[53]一是宋太宗平北汉时将晋阳水淹火焚，并于唐明镇新建晋阳城，这不仅使晋祠远离区域行政中心，而且造成本地的人口流散，社会断裂，用欧阳修的诗句来说就是"顽民尽迁高垒削，秋草自绿埋空垣"；[54]二是北宋"不抑兼并"，对区域性土地开发和流转造成刺激，作为朝廷经略西夏的前方，太原地区的农业开发也要求建立新的社会秩序。

正是在这样的背景下，大约在熙宁、元丰时期，晋祠主神的"单轨制"就变成了"双轨制"：一个新的"晋水源神"，即"昭济圣母"被创造出来，这应该是因为晋水重要性的凸显。[55]以往这里主要是祈雨，现在关注的则是灌溉，

这必然与水利制度的确立有关，也是地方民众与国家的"共谋"。[56]唐叔虞的"社神"或"雨神"角色虽依然保留，但日益被打造成为儒家学者眼中的历代帝王或先贤。

宋太宗毁晋阳城之后，又于太平兴国九年（984年）重建晋祠，其碑文中称："晋祠者，唐叔虞之神也……构此祠庭，岂不以旌彼哲人。"碑末的诗铭中也说，"既除乱庙，乃访古贤。"[57]一方面说明唐叔虞此时还是晋祠的主神，另一方面表明他已被视为有功于地方而应受到表彰的先哲，体现出国家对地方的绝对权威。但在天圣到嘉祐年间，唐叔虞被改封为"汾东王"，[58]特别是熙宁十年（1077年）封了昭济圣母之后，唐叔虞开始与圣母共享着雨神的角色。宣和五年的《晋祠谢雨文》中说道："致祭于显灵昭济圣母、汾东王之祠。"[59]甚至到元至正初年，还因为"并土大旱，谷种不入"，地方官等"祷于祠下"，表示"七日之内而雨，吾其为神葺之"。[60]上述这些情形似乎表示唐叔虞身份的一种过渡。

同样在另文中，我已提到北宋时期为昭济圣母捐建镇水金神铁像的民间结社，并不是来自晋祠周围的村落，而是来自相邻的文水、灵石和太原府。[61]这可能是因为晋祠在早期作为一个更大的区域性信仰中心，与周边村落的关系还不那么密切，或者晋祠周围村落的水利和农业处于早期发展阶段，村落力量还不够雄厚，当然也可能是由于周围村落还在佛教寺院的势力笼罩下。如西北隅铁像铭文中提到的"甲午社"，仍设都维那、副维那等职，沿用了以往佛教社邑中的名称，这在山西许多地区都很普遍。另圣母殿前铁醮盆上铭文未见年月，被《晋祠志》系于宋，中有东庄助缘人若干，及本县东街将东都某，并有姜妙果、李妙果等名。[62]这是较少的附近村落留下的痕迹，残留姓名也显然是佛教信徒的。

另一个假设，是晋祠附近或西山南麓一线，北朝时期并没有密集的聚落，至隋唐五代开始增加。根据被著录的中古时期晋阳墓志[63]，透露出的信息可见如下表统计：

晋阳出土墓志相关信息统计表

墓志名称	墓主卒年	埋葬地点	出土地点
夏侯念墓志	北齐天保三年	并州城西蒙山下	寺底村
高敬容墓志	天保三年	悬瓮山之阳	晋阳祠赤桥一带
窦兴洛墓志	天保十年		寺底村
张肃俗墓志	天保十年	晋阳三角城北	圹坡村
贺娄悦墓志		并州三角城南	神堂沟砖厂
尉娘娘墓志	天保十年	并州三角城北	寿阳县城西南
张海翼墓志	天统元年	并城西北	寺底村
独孤辉墓志		唐城西北五里	董茹庄
虞弘墓志	隋开皇十二年	唐叔虞坟东三里	晋源区王郭村
龙润及妻何氏墓志	唐永徽四年	井谷村东、义井村北	小井峪村东
龙澄墓志	龙朔元年	苑西	小井峪村东
龙义及妻游氏墓志	显庆二年	晋阳城北	小井峪村东
□珩墓志	龙朔三年		金胜村西
□□墓志	麟德二年	晋阳城西三里	
龙敏墓志	开耀元年	晋阳金城西北原	小井峪村东

墓志名称	墓主卒年	埋葬地点	出土地点
乔言墓志	垂拱二年	金城村西南二里	
龙寿墓志	延载元年	井谷村东	小井峪村东
赵澄墓志	万岁登封元年	金城村西三里	金胜村
尹恪墓志	圣历元年	都城西南五里	
赫连仁及妻杜氏墓志	垂拱三年	并州城西北十里	金胜村西
王胡墓志	开元二年	金城村西北二里	董茹村
侯感墓志	圣历二年	金城村西北二里	金胜村西
董师墓志	开元十四年	金城村西二里	金胜村西
傅君墓志	永昌二年	府城西二里	
云感墓志	天寿元年	金城村西北二里	金胜村西
要志墓志	景龙元年	晋安乡索村西南一里	
龙叡墓志	开元二十九年	井谷村东北	小井峪村东
石德墓志	天宝六年	京城西二里	
王晖墓志		城西北三里	
周玄珞墓志	开元二十九年	府城西北七里	
吕□墓志	广德癸卯	太原府城西南三里	

墓志名称	墓主卒年	埋葬地点	出土地点
张君妻陈氏墓志	大历六年	金城村二里	金胜村西
吴□墓志		凤城之西龙山之侧	
段希墓志	大历十二年	北京西五里	
张嘉庆墓志	大历十四年	太原城北义井里	义井村
桑金墓志	大历十四年	金城西北二里	金胜村西
王承仙墓志	贞元二年	金城村西二里	金胜村西
舍利石铁墓志	贞元六年	义井村北	小井峪村东
郭庆先墓志	大中五年	太原西南	古城营村
王氏小娘子墓志	后晋	赤桥□龙山之原	晋祠宾馆

北朝墓志多见于晋阳城以北地区,表中的寺底村在晋阳湖以西的蒙山脚下,圹坡村和神堂沟都在晋阳湖以北,在晋祠附近的是少数,由于墓主多为北族,不知道这是否由于他们的聚落比较分散,还是葬俗有所不同。少数墓志,如发现于后世赤桥村的《北齐公主墓志》,并未提到所在的村落名称,而只称葬于悬瓮山之阳即晋祠

南侧。到隋唐时期，墓志发现地点有向西、向南分布的趋向，或许是由于晋阳城西面是山，而且多有佛教石窟或寺院，因此山麓地区往往是墓地所在。在上表中，若干村均在后世晋水水利网络中，其他或南或北，距离都不算太远。在坟墓分布比较密集的地区，应该距居住区有一定距离。像后世的金胜村从春秋末直到隋唐，一直有墓葬出土，应该是早期历史上一个比较重要的墓葬区。所以中古时期的晋祠，应该是晋阳城的仪式空间（郊祀）的一个部分，而不一定是本地聚落的神庙。附带说，在晋阳地区少量的五代墓志中，属于这一地区的明显减少，不知是否表明聚落在进一步向这一带扩展。即便如此，晋祠左近地区从墓葬区变为居住区，前提条件必须是这些墓葬已无后人祭扫，形同废弃，而宋太宗毁晋阳城、迁晋阳民，正造就了这一前提条件。

总的说来，此时民众对于圣母的热衷已远超唐叔虞，所以韩琦感慨地说："唐叔祠推晋域雄，乘春来谒想遗风。……愚民不识邦君重，岁岁牺神酒食丰。"⑭到元代初年，晋祠已明确由道教掌管，"仍诸路掌教真人张公以札付令提点庙事。"⑮亦从元代始，晋祠庙内开始增加道教庙宇："其殿之北面南向，曰唐叔汾东王。西面东向，曰显灵昭济圣母。南面北向，曰昭惠灵显真君。……其余若岱岳、若府君、若药王诸祠、若宝墨堂，又皆扫地无遗，惟有颓基。"⑯

也是从宋代开始，晋祠周围村落中的其他寺庙也开始见诸记载。如山西的另一著名水神骀台的神庙也在王郭村，唐代河东节度卢钧将其改名为汾水川祠，宋代又改称宣济庙，有太原府通判掌禹锡所写碑记。⑰但大量道观在村落中出现，是在金元时期，特别是元代。像长春观（在城角村）、昊天观（在龙山）、清真观（在金胜村）、贞常观（在长巷村）、神清观（在晋祠街）、龙泉观（在三贤村）等，都是元代创修于晋祠附近的道观。⑱在此期间，佛教寺院略显衰颓。金太宗天会四年即宋钦宗靖康元年

（1126 年），金兵破太原，天龙寺"火焚殆尽"，皇统年间寺僧希尚企图重修而无力，只好乞求一位"老仙"。⑥到元朝时，"寺废僧残，室如悬磬"，院主"莫知所措"，又只好联络官府和乡中父老，聘请一位叫大愚智公的和尚来做主持。⑦

这一带乡村在宋金元时期的相关资料仍不够丰富。嘉祐八年（1063 年）的《重广水利记》提到了郭村、晋祠村、王郭村、贤辅乡等，属于当时晋祠水灌溉的二乡五村。古城营有座九龙庙，祀九龙圣母。目前庙中的九龙圣母神像系碧霞元君，而传说中九龙圣母是北齐开国之君高洋的母亲娄太后，其侄即王郭村发现墓葬的娄睿。据金大中《重修九龙庙记》，并未提到庙中系何神，只是说这里是"曩昔玄武之旧基也"（其为真的祭祀真武的道观，还是暗示着某种北族宗教传统的存续，容后再论）。碑中又提到，金皇统七年（1147 年）主张重修庙宇的系"贤富村众"，⑦而且主要是两个"术人"。术人或指以术数为业的人，或指以魔术为业的人，但大体上就是巫者。碑文中还称：

> 选中城中旁路杜家地内，起构安置，兼无虞水害，众所嘉之，惟神弗悦，屡显威灵。九月十五日，归德村屠户石和妻张氏并男石信，恍若狂醉，有神附体，常谓人曰："可重修祖□故地。"初疑妖异增奇，持确乎挺立，志不可夺。或奉天心正法者，亦莫敢驱屈。皇统八年春正月十四日巳后，又颇能咒水疗治疾疫，隆播闾里，病者敬信，如饮甘露，勿药自瘳，其感格昭著，化行一境。⑫

上文中所提归德村，即后之古城营，宋末立村，到明代为宁化王府两处屯田之一，称古城屯。为了不在新址修庙，归德村竟有村民亦做通神之举，与另一村的两个"术人"抗衡，甚至连道士作法都不可阻止，终于把九龙庙保留在原地。该碑引述"《丁氏谈录》云：兴国中，既克太原，迁其民。毕出，万炬俱发，一夕焚荡，蔑有遗者。"可证宋初的破坏导致这里的居民经历了一次换血，至北宋中后期才逐渐恢复。新的居民为了站稳脚跟，又为"仰沾润之德，畏鼓动之威，及蚕缫之功，当世急务"，不惜采用非常之法，制造灵异传说，抢得这个重要的象征。碑文中记载修庙前"西取龙岗壤土三枚，经营修筑"，应该是表明其地其庙与龙山地脉关系的仪式。

同时，此碑说明，九龙庙修建的主导者，既非官府，也非佛道，而是村民和巫者。金代九龙庙主神虽未必是传说中的娄太后，但也未必与北朝隋唐的北族居民无关；当然更不是现在的碧霞元君，碧霞元君应该是明代以后鸠占鹊巢的结果,⑬这时的庙似乎主要是主雨水和主蚕桑。而这种民间化的现象，应与宋初毁城迁民后原有的佛教势力影响减退有关。与此同时，在北朝隋唐有可能存在的胡人祆祠已全无踪迹，而金元时期全真教势力则迅速扩张，都可能与这一变动有关。由于寺庙这类礼仪标识是社会秩序的重要表征，所以在北宋中期到金元这一段时间，这里必然经历了一个秩序重建、地权重申的过程。

至元四年(1267年)，晋祠已归道教管理。在《重修汾东王庙记碑》中，也提到了这一变化："王之祠日就颓圮而弗修，祀事废坠而弗举。因循逮于兵后累政，惟求山水游观之乐，而向之尊王之意，邈不知省。"这是说战乱之后，大家都无心讲求礼仪秩序，只是把祭祀唐叔虞的汾东王庙当作风景遗迹而已。但就在此时，晋祠的"知宾道士"出来告状，其官府派人到晋祠勘察地界的过程和结论，见诸碑阴，兹节录如下：

> 晋祠等村乡老冀宝等、耆老燕德等，今准簿尉文字该准县衙关文奉太原总府指挥将德等勾来取勘

晋祠惠远庙四至界畔根脚等事。承此，德等依奉将晋祠庙宇四至界畔开写前去，并是端的，中□别无争差。今开申于后：东至草参亭，出入至官街，并诸人见住屋后大泊堰为界；南至小神沟旧墙，并碓臼北景清门根脚为界，出入通奉圣寺道；西至神山大亭台后为界，北至旧大井南神沟观院墙为界。……

……据本庙知宾道士□仲□并告本庙四至界畔，乞照详事。为此行下平晋县取会本管地面邻右村分主首、耆老，自来知识人等，勘当四至，端的备细，开写画图，贴说保结申来，去后回该申移关本县主簿兼尉张天福就使勘当。今准来文发到晋祠镇并邻右索村、赤桥等村儒户军民人匠打捕站赤诸色人等，燕德、冀宝等三十四人，年各七十，及□有八旬之上，俱系本土自来久居人氏，备知本处起建晋祠庙宇四至根脚。……⑦

道士首告，有可能是为晋祠向周边扩张先发制人，也有可能是这一时期周围聚落已渐渐恢复，人口增多，开始侵占晋祠的地界，不得而知。但晋祠东侧（即大门外）的晋祠镇、北侧的赤桥村、南侧的索村都已存在了。官府召集了 34 位七八十岁、世居于此的老人，说明他们可能自 12 世纪 90 年代、即金章宗时代就居住于此，这种至今未变的村落格局也至少可以溯自彼时。

　　可以这样假设，经由宋金时期的重建，到元代，我们今天所能见到的晋祠地区村落体系已经大体形成。元代女真人孛术鲁翀诗曰："天泓雪霤荫寒松，圣母祠前可鉴容。水利万家丰稻亩，山灵千古壮桐封。"⑦⑤尚可谓文学修辞，但元代碑刻上说，"昭济圣母祠在太原废城侧，祠下有泉曰善利，曰难老，浸润灌溉田数百万亩，民赖其利，故立祠以岁时祀事，盖水神也"。⑦⑥说明这里已颇有人烟。但今天所见，除了晋祠之外，周边各个村落中都未见有元代的寺庙遗存，也没有什么相关的文献记载。这与我们在晋南和晋东南地区看到的情况有所不同，但也不能说明这里元代村落中的寺庙寥若晨星。在太原北面阳曲县的英济侯庙中存有元至正八年（1348年）的《冀宁监郡朝列公祷雨感应颂》碑，碑阴题名中就有蒙山开化寺、清真观等晋祠这边的寺庙，说明它们在元代还是比较活跃的。只是到了明代，许多元代建立的庙宇、如前面提到的那些道观，都莫名其妙地消失了。它们是不是被明代以后新建的一些寺庙取代了呢？

但正是由于这时周边村落已具规模，也由于晋祠的地位抬升，所以晋祠已然称镇。⑦ 自忽必烈经营中原始，通过宗教的系统来进行官府对乡村社会的管治，就是蒙元时期极具特色的统治方式，这种方式也与十六国与北朝时期各北族政权采用的方式颇为一致。前引至元四年碑中说："总管李公由山西两路宣慰使承特旨来殿是邦，牒诉之余，讲明典礼，修举百神之祀。如李晋王、狄梁公墓、驺台、狐突、窦鸣犊诸庙，悉为完护，以谓王之庙制，尤甚委靡，而特为厘正之礼也。"此时还是蒙古国时期，元朝尚未建立，对基层社会的管理正在从游牧社会的模式向定居社会的模式过渡，通过宗教的形式而非仅仅是行政的、税收的形式对于北族来说是很常见的，这也与汉人强调祀与戎并重的礼仪传统不谋而合，甚至更为倚重。

明洪武二年(1369年)十二月，因祷雨有应，朱元璋御制诰文，对晋祠圣母予以加封。洪武七年九月，为谢丰年，晋王相府、太原左右卫、山西行省等官员率属下官吏200余人谒圣母祠。在第一时间，明朝在地方统治的三股势力——王府、卫所、地方民政同时到场，正式给予晋祠的昭济圣母最高地位，唐叔虞祠相形之下黯然失色，北宋以来的"双轨制"告一段落，这当然是宋以来圣母殿地位不断提升的结果。

正如前述，昭济圣母地位的抬升是国家与民众的

"共谋"。从国家的角度来说，不仅是因为祈雨灵验有助于农业，背后其实是太原所处位置，长期以来是中原王朝对北族政权作战的前线与后勤保障地。不仅在北宋熙丰年间经略西夏时期如此，在明代对蒙古强化长城战守的时期也是如此。所以景泰帝在祝文中专门指出："比岁边堠戒严，雨泽弗降，饥馑频仍，民无固志。"⑱此后不断有山西地方官、巡按，或皇帝所遣宦官前来拜祭，充分显示了晋祠、特别是圣母在国家祀典中的重要性。

在明前期，几乎没有普通民众在晋祠中立碑，只有一些零星捐造器物的记录。如圣母殿左铁钟为永乐年间造，铭文中题名漫漶难识。又殿前某金人背上铭文有"信士高恩、大庙道官翟道真、道众杨道源、杨太天、赵东道。时永乐二十一年（1423 年）九月二日吉日立"字样。另在唐叔虞祠附近有铁钟鼓，上有英宗天顺元年八月的铭文，捐资题名中有太原知县等官、奉圣寺住持、乡官王永寿（南京工部尚书，王琼的伯父）、王鉴（御史)、监生、生员等；还有宁化王府、三卫指挥及千、百户、太原府都纪、晋王府典乐等；一般民众除清源、文水等县者外，本地的有蒲村、明仙峪、白石沟、本镇、索村、东庄、长巷、古城屯、马圈屯、花塔、西镇、赤桥、开花、王索西都、南河渠长等，系由"在庙道士贾通真、张通受谨发诚心，仰瞻高门善众人等，随心乞化善缘。"[79]通过题名，可见自蒙古时期直至明前期，晋祠均由道士住持，也充分显示出自明初以来与晋祠相关的人群或社会的多元性和复杂性。

这种多元性和复杂性应该在这里一直存在。如前述，从北朝以至金元，这里都是多族群混杂之地。前引元代晋祠确定四至范围的碑记中说道，"今准来文发到晋祠镇并邻右索村、赤桥等村儒户军民人匠打捕站赤诸色人等"，也已存在根据复杂的户役系统形成的不同人群，只是那些时间数据欠缺，不如对明代以后的情况看得那么清晰。显然，在特定的情况下，王府、官员、僧道、民人，甚至总旗、佃客，无论是怎样的身份，都可以共享这个礼仪标识。

这一时期的重要变化，就是宋元明时期国家均给予晋祠正祀的地位，使晋祠在区域内一枝独秀，影响远大于其他寺庙。由于朝廷的封赐都是给予水神圣母的，所以晋祠水利的重要性以及太原地区作为长城以南重要的后勤要地是这种重视背后的要因。同时，晋祠毕竟有其双重性，即除圣母殿之外，唐叔虞祠也是褒扬古代圣王的儒家传统的一个礼仪标识，颇符合宋明王朝的治国理念，晋祠作为太原地区最显赫的正祀就是自然而然的了。

也许更为重要的，是在这一时期，这一地区围绕晋祠水利已经初步形成了某种村落联盟，与郑振满研究的莆仙平原相比，除了这个区域要大大小于莆仙平原外，不仅这种村落联盟也是仪式联盟，而且其同构性更明显。这又不仅是由于晋祠本身就是晋水的源头，是个司水的神庙，与各村的灌溉都有直接关系，也因为在此时期及以后的数百年里，本地居民多以灌溉农业为生，不像莆仙平原那样更具多元性。正因此，这个以水利为纽带的联盟与仪式联盟的同构关系，没有因时代的变化而发生明显的脱节和根本的变异。这一北一南同时期的例子说明，宋代到明代的地方社会产生了某种共同的整合机制，但在区域发展过程中所体现出的连续性和断裂度又是不同的。

四、结构的层累：16世纪以降的共享、竞争与合作

经过北朝隋唐的族群与文化多元、社会纷乱和农耕秩序重建，经宋元时期区域中心转移和地方社会纳入国家政治议程，到了明代中叶以后，晋祠与周边村落之间或村落联盟之内的关系，似乎简单地表现为水利关系。

王府和卫所与地方的关系，也因为有屯地在这里，所以往往也体现为水利关系。晋王和宁化王的王府影响，在明代的晋祠地区还是很大的，但因为清初将其作为最危险的势力加以扫荡，所以在今天已很难看到其在生活中的遗存。卫所虽在清代亦遭裁撤，但留下的记忆还是非常清楚的，一些地名还可以清楚地表示那里曾是卫所屯地的所在。但这里的人与边疆地区不同，并不在意卫所军户身份的认同，因为很多人在这里定居的时间要早得多。

"柳氏坐瓮"的故事是人们耳熟能详的，嘉靖《太原县志》里就有记载，说明在此前便已广为流传。故事中的主角柳氏据说是金胜村人，但为何有此说法不得而知。⑩金胜村距离晋水源头较远，故有可能发明这样的传说以取得用水的权利，即所谓"晋祠圣母柳氏源头金胜村娘家回马水"。万历年间该村"豪民"柳桐凤状告北渠渠长张弘秀于弘治间将民田三天的夜水水份投献于晋王府，后来的渠长张相亦霸水牟利，最后被判败诉，但由于"事出有因"，被判罚款了事。[51]

奇妙的是，在此案之前的隆庆元年，本地人，浙江按察副使高汝行撰《重修晋祠庙碑记》，文中历数晋王府、宁化王府自嘉靖四十年始陆续捐金修圣母殿及殿前神桥的功德。在碑阴的功德主题名中，包括了晋府书办官、宁化王府古城屯把总、仪宾等王府势力，"晋府金胜屯把总牛天禄"之名也赫然在目！[52]按：明代晋王府屯田四处，分别是东庄屯、小站屯、马圈屯、马兰屯；宁化王府屯田两处，为古城屯与河下屯；太原三卫屯田三处，分别是张花营、圪塔营、北长堡营。[53]可知金胜村原不是王府屯田，此时出现这样的题名，证明确有可能自弘治到万历出现过王府试图兼并金胜村土地、将其划为王府护卫屯田的事情。地方官府既不愿顺从王府，因改变制度的同时也减少税收，又不敢过度得罪王府，只好借柳桐凤案表示，"王府屯庄自与小民不同，不可违旧例也。"

这类与水利有关的碑刻在晋祠中出现，大致是自嘉靖年间始。与此同时，我们今天所能看到晋祠中那些较小的寺庙，甚至晋祠周边村落中的寺庙，也都在这前后纷纷出现。前引隆庆元年(1567年)碑中说，"附于祠者，庙凡有八：圣母祠、玉皇庙、三清庙、泰山庙、苗裔庙、骀台庙、药王庙、真君庙，皆有利于民者也，故祠之。"除圣母祠外，泰山庙和药王庙是见于元代碑刻的，其他的都是初次见于嘉靖《太原县志》。这些庙大多与水利无关，而是整个社会变化的结果。譬如，太原县自嘉靖时建晋祠堡、东庄水堡、小店堡、董茹堡、王郭村堡、张花堡等22个堡寨，道光县志注明"此系嘉靖十九年陈巡抚行文修筑"，⑭在山西十分普遍。这固然是因为此时蒙古俺答汗给明朝造成的压力，但同时也是地方社会发展的结果。

骀台庙即创修于明嘉靖十二年，由东庄高氏即高汝行家族所建。骀台系山西更为古老的水神，后被尊为汾河水神。高氏在圣母殿旁建此庙，两侧分别为土地和五道，显示的是对乡里的控制。此庙一直为高氏控制，作用类似于家族祠堂。后来清雍正年间的碑文便说，在王郭村的骀台庙是县里的"公庙"，而这个是高氏的"独建"。水母楼是明嘉靖四十二年创建，据刘大鹏说是为了表示圣母并非水神，所以另建以崇晋源水神。各处未见记载创建者为何人，但联系到楼中坐瓮女像和金胜村的传说，该楼有可能是由金胜村人所建。此外，苗裔堂不知何时创修，但重修于正德六年（1511 年）。

晋祠中另一个重要的礼仪标签是石塘分水塔，即北宋三七分水制度形成的标志。分水塔上有"砥柱"二字，传说塔底有当年争水之人的骸骨。花塔张氏自明代起就世袭北渠渠长，称此死者为张氏先祖，因此每年清明节都要在此进行祭祀。花塔张氏自明代起就非常强势，至今村中仍以张姓为主。北宋的石塘、分水堰配合上的

"油锅捞钱"传说(有可能是张氏创造或利用的),成为花塔张氏在 600 年间一直掌控晋祠北河水利的象征资源。

类似这样的不同地方势力在晋祠内建立自己的礼仪标识,或利用,或垄断的事件,从明代中叶开始,一直到清代还在不断延续,这当然是地方社会不断成长的结果。其背后有商业的因素、科举的因素、王朝势力(如王府、卫所)介入的因素,等等,但也与晋祠水利日益在地方生活中扮演重要角色有关。为了申明自己的权力、凸显自己的地位,晋祠就成为一个可供分割的重要神圣场所,于是北宋以后晋祠从"单轨制",变为"双轨制",进入明代中叶,则一变而成"多声部",呈现出你方唱罢我登场的局面。但由于水利事务是一个各势力、各村落必然发生竞争和冲突、却又必须协商、合作才能正常运行的公共事务,所以晋祠又成为一个非常恰当的包容性空间,不同的神庙可以汇聚在一个大庙里;人们在晋祠中既可以做不同的事情,也必须要做共同的事情。这几乎就是中国社会的缩影，被称为"庙堂"的朝廷也差不多是一样的。

当然，在这个舞台上，有些村可以发声而有些村则不能，有些声音响亮而有些则很微弱。比如晋祠镇、赤桥和纸房因处上游而成为"总河三村"，王郭村由于历史悠久、花塔村由于势力强大而成为北渠和南渠的世袭渠长，东庄由于高氏出了进士并任封疆大吏所以能在晋祠中建庙……这种秩序中的不平等在明清时期的晋祠历史上不断显现出来，但它仍是其公共性的体现。

更进一步说，也许正是这种公共性，使晋祠与晋祠周边村落内部的日常生活无关——各个村落现存寺庙里的现存碑刻，很少有讨论水利问题的——这种公共的话题应该拿到晋祠中去讨论，因为这涉及村与村的关系，而非村落内部的关系。而村里的庙，是用来处理村落内部关系的。

与晋祠距离最近的是晋祠村，在宋代已经称镇，至明嘉靖十九年后又建堡。实际上晋祠镇此前便有城墙、城门，"北门上有神祠在焉，创自成化五年"，即真武阁，嘉靖三十七年重修；东门（阁门）上有三官阁；南门上亦为三官阁，建于明万历十二年（1584 年），万历四十七年后改大魁阁。堡门内外还有关帝庙（万历四十一年建）、三官庙（万历四十七年建，但据王郭村明秀寺嘉靖三十八年碑记，题名中已有"晋祠三官庙"）、仙翁阁（弘治年间建），以及不知创建年代的龙王庙、白衣庵等，说明明代中叶以后这里有一个集中发展、强化认同的时期。后来刘大鹏记述说，"斯阁三官为中堡人士所奉之者也"；又如老君庙，"在晋祠东不盈一里，为塔院村之公所。"⑧

王郭村明嘉靖三十八年的《重修明秀寺记》也是这个时代的产物。碑阴《圆满记》中的题名颇类四代人的家族世系：第一行的扶梁都总功德主、扶梁总功德主、总功德主、都功德主分别是王仲□、王伯住、王伯璋、王伯才、王伯晶、王伯银、王伯广、王伯廠、王伯国、王伯政，各名下接妻某氏，再下接男某、妻某氏、孙男某、妻某氏、重孙男某，依次而下。再下为副功德主，多为伯字辈，下行接妻某氏，再下接男或侄某。⑧就像花塔张氏一样，王氏一直掌握着王郭村的公共话语权。

据同在明秀寺的天启七年（1627 年）《忠孝传家碑记》，即《北郭一都一甲重立共□国□碑记》，虽碑文漫漶严重，但大致可知王姓族人自嘉靖、万历至天启三年，几次调整在现行里甲内应对杂泛差徭，至此"是一甲斯无偏累之苦"。碑后题名除太原知县张某外，在"宗族"题下列出王思辉、王显等王姓 35 人。在前碑中，思字辈是伯字辈的孙辈，而单名则是重孙辈，两碑的世系是可以对接的。籍在北郭一都一甲的王氏可能是王氏宗族的一支，此碑应是在宗族内部调整里甲差役的记录。可以猜测，王氏此时并无祠堂，但明秀寺是否王氏家族的香火寺，亦无更多证据。

该碑碑阴是清顺治五年的《王郭村因改路碑记》，讲述本县典史赵某以便于缉盗等理由，希望王郭村前的官道改道，结果有四位庠生联合王郭等两村乡民联合上告，被知县推诿到府，知府又踢回到县，最后由分巡道和按察司批复，才终止了这项举措。以上三碑，都体现了明秀寺村庙的特点，即保留了与本村或本族利益直接相关的记录。⑰

在担任北渠渠长的花塔村中，花塔寺里有一通清道光二十三年的《仙畴永赖》碑，上书"藉张氏兴于清河珂里，自属太原花塔后，分为三支，曰前股，曰后股，曰东股。或凡轮派户头以催粮，或保充渠长以运水，三股互应。先人曾置地产，所以酬劳，以所以睦族也，但轻重不均耳。今阖族将地亩公派开列，以告后之食德者"。以下分别开列前股户头地、后股户头地、东股户头地、三股户头公地，以及渠长地四份地产的位置、大小，及是否使水，其中又注明三股户头公地由"值年户头完纳"。⑱

　　碑中明确说明，花塔张氏本来可能只是一个户头，为了轮流充当催征钱粮的职役，后来又为轮流充当北渠渠长，管理整个北渠各村的用水事务，将全族分为三支，形成户头轮充制。虽然未说这一制度始于何时，但有可能起于明清之际。为了补偿催征钱粮和担任渠长可能出现的开销，张氏设置了族产，亦分成三份。除此之外，还单独分出三股户头的公产，应该是用于阖族的公共事务，另有渠长地作为担任渠长者的特别酬劳。这可能是因为张氏人口日益增多，不同门支之间出现利益冲突，因此无论是好处还是责任都分为三股均摊，所以碑文中有"所以睦族"之语。虽然此碑涉及水利问题，但与花塔和北渠各村、和整个晋祠水利体系没有直接关系，而是处理族内的权责平衡问题。

　　北大寺村武氏的例子也大概相同。武氏是目前周围各村少有的建有祠堂的家族，该祠堂是清嘉庆年间建的，据嘉庆十九年（1814年）《武氏新建祠堂记》，"武氏本洪洞人，明洪武间，讳克敬者奉诏迁太原，住大寺村。弟克明公不忍其兄之独行也，踵而从之，遂家焉。"因克敬公无嗣，大寺村的武氏则"奉克明公为始迁祖"。咸丰八年（1858年）《武氏应催办旧规》说"武氏始居太原，入晋源都四甲。都分九甲，□□垣□稻地十亩，村北平白军地上、中、下三□□□二亩，其他六亩，九年内轮应催办一年"，似是指明代里甲役的制度。后来武氏后裔将地分为东、西两股，除完纳钱粮外，剩余均归两股。其中另有伙地，以地内生息作为雇人催办钱粮的开销及工食钱。村内外姓人租占武氏地产者，所付租金也用于帮贴催办。⑧

与花塔张氏一样，武氏的东、西两股不仅负责轮流催办钱粮，而且陆堡河的渠长职务也由两股轮流充应。⑨笔者猜测，他们先是为了均摊里甲役而将家族分股，而后则补充了渠长的轮充，体现了利益与责任的统一。但是，这是否表明宗族由此分为三个或两个房支，还需要进一步的证据。这虽然与明末徽州文书中休宁板桥杨氏宗族内现有房支商议轮充里甲役的情形不同，但其体现合理分担风险和分享收益的合同性质是一样的。[91]虽然北大寺村中还有一座据说是创建于北宋天圣年间的结义庙，但因武氏家族在村中的霸权，使武氏祠堂享有很高的地位。在清明节武氏祠堂祭祖演戏的时候，"凡属北大寺村之磨，每区送钱二千，名曰河租。"[92]其实，对于单姓村或大族垄断的村落，祠堂与寺庙的意义是几乎一样的，这可能也是这一带没有多少祠堂和宗族建设的原因之一。

当然，晋祠地区各个村落的寺庙也不都是孤立、封闭的场所，它们在不同程度上也与相邻村落及其庙宇发生一定联系。像王郭村明秀寺的碑刻题名中，也有其他村落前来捐款的寺庙，表明一种相互交往的关系；而像在花塔、北大寺这样担任渠长的村落中，花塔寺和武氏祠堂里也会有涉及北渠或陆堡河各村公共事务的碑刻存在，但多数村落寺庙碑刻中则主要显示的是本村的有关事务。这种"差序格局"在明清时期体现的尤为明显。

在面对国家层面时，晋祠应该是一个大户头，就像其他地方的许多寺庙一样。但晋祠庙产的记录却不多见。原因之一是晋祠因列入国家祀典，应该由官府拨款修葺；原因之二是晋祠作为一个寺庙群，并无统一的庙产，所以我们能看到清乾隆间的《泰山庙祭田碣》和《奉圣寺产记碑》、嘉庆间的《文昌宫祭田碑》和《吕祖祭赛碣》、道光间的《东岳祠祭祀碑记》，等等。直到光绪初年才有一通《遵置晋祠岁修地亩详文碑》，是山西巡抚曾国荃为重修晋祠，下令给太原县出官帑购地19亩，以地租用于修缮。但不同的村落人口则需要经常面对国家机构，这也是村庙中的碑刻较少讨论水利、较多涉及赋役等国家事务的原因。前面讨论的几个例子，是把掌控水权的权力与应对国家赋役的责任勾连起来，国家便因此需要维护传统的民间水权控制秩序。

与此同时，还应该将这种"多声部"视为历史层累的结果。我们还不清楚王郭村、花塔村和大寺村何时和如何掌控了南河、北河和陆堡河的主导权，我们知道王姓和郭姓是北朝时期本地的著姓，武姓虽称是明初自洪洞迁来，却又称是武则天的后代，知道三村中均有历史悠久的佛教寺院；我们也不清楚晋祠镇、赤桥、纸房何时和如何获得了总河三村的特权地位，却知道它们是宋代以后晋祠左近最早的聚落中的三个。无论这些聚落及其居民与中古时期这里的先民有无渊源，掌握并利用前代的象征资源对他们无疑是有利的，这会有助于我们理解晋祠周边村落中普遍存在佛寺（甚至包括已经隐去的祆祠传统）的原因所在，有助于我们理解唐叔虞的"再发明"，也有助于我们的眼睛不被后世圣母祠所发出的光芒所遮蔽。而晋祠内外的其他庙宇，包括少数宗族祠堂和家族庙宇，则体现了后来者争取生存权利的不断努力。

当我们仔细观察今天晋祠内的各个寺庙、殿堂，晋祠镇以及周边村落里的寺庙，甚至蒙山、龙山、天龙山上的石窟和寺庙时，我们无法把这些活生生的礼仪标识与一个较长的历史时期割裂开来，只去了解它们在明清时代的历史。虽然无论是地方的历史还是这里的寺庙，在漫长的时间里都发生过断裂，但总能发现一些古老的痕迹，证明后来重建的社会或者重修的寺庙具有较早的渊源；这里的人利用古老的传统来支持自己的权利的时候，也总因此而更具说服力，而不只是一种纯粹的发明。有可能居民变了，但聚落和聚落的礼仪标识没有变，新居民就很快化身为老居民。

和华南等地不一样的是，这里的人不需要有很多新的创造——这里的礼仪标识不仅有代表国家的，也有代表山西的，更有代表本乡本土的——他们也不太需要把原有的和本土的东西放到角落里，他们只需要不断地重建传统。他们甚至始终保持一种多元的传统，这可能与长期处于与北族频繁接触的地带有关。在古城营，前面提到的九龙圣母庙与晚清始建的天主教堂比邻而居，形成极具震撼力的景观。他们可能在相当长的时间里都较具优越感和自信心，享受着相对稳定的社会等级结构。

五、若干讨论

费孝通曾说过：

> 以全盘社会结构的格式作为研究对象，这对象并不能是概然性的，必须是具体的社区，因为联系着各个社会制度的是人们的生活，人们的生活有时空的坐落，这就是社区。……社区分析的初步工作是在一定时空坐落中去描画出一地方人民所赖以生

活的社会结构。……第二步工作是比较研究，在比较不同社区的社会结构时，常发现了每个社会结构有它配合的原则，原则不同，表现出来的结构的形式也不一样。⑬

本文依然是在做第一步的工作，只是力图将此结构置于一个历时性过程中去考量，第二步要做的比较，也不仅是空间上的比较，还要做时间上的比较。此外，通过寺庙了解的只是该社区人们生活的一部分，借此描画的社会结构及其过程更只是该结构及其过程的一小部分，还远远未到比较和概括的时候。尽管如此，我们还是可以在近 20 年来不同区域的研究基础上，做出一些初步的假设，这当然只能是暂时的。至少，我们可以观察，人们比较熟悉的明清时期的地方社会结构，与此前的结构有哪些不同？如果有，二者(或更多)之间的联系是怎样的？

我始终认为，这些年来我们的区域研究所导致的重要认识之一，是知道不可以用某种"普遍时间"（如王朝时间）来取代"地方时间"。就是说，假如在元明之际珠江三角洲地区开始了我们今天可知的开发过程，同时逐渐形成了影响至今仍在的社会体制和文化传统，那么在元明之际以来的华北腹地如山西、南岭山脉，甚或江南等区域，情况是怎样的？

让我们先来讨论"礼仪标识"。

我们关注的究竟是历史上的宗教制度（religious institution）、人的信仰生活呢，还是通过宗教制度或者与宗教有关的一切象征体系，关注历史的整体脉动？借用科大卫的概念，"礼仪"只是一个"标识"，但它们是什么东西的"标识"呢？根据前面的叙述，这里既有当地社会制度的表达，也有国家制度的表达；既有主流文化的表达，也有异端的表达；既有社会精英的表达，也有普通民众的表达，在许多情况下，我们甚至很难把它们分清楚。简言之，它们的这种多样性说明，它们是日常生活的表达，它们是生活世界的一部分。

周绍明的宋元时期"乡村四重奏"㉞是否也出现在晋祠地区？它是共时性存在，还是不同历史时期的叠加？杜正贞对晋城地区的研究似乎恰恰在某种意义上证明了周绍明的"乡村四重奏"理论，而不是说山西与徽州的发展无法媲美。但是她在书中描述的乡村文庙属于哪个系统呢？这些文庙据说上承宋儒程颢的乡校，历经明清直至于今，与上述四种制度都没有关系。前述这一地区的胡人祆祠到宋代以后已经不见踪迹了，但我们无法估计它们在这一地区的乡村社会中究竟扮演过怎样的角色。而宋代开始萌芽的那种宗族，在这里完全没有见到，甚至到明清时期也很不发达。

周绍明特别注意空间差异性。他提到，乡村制度的成长与力量在各地是不同的，例如在宋金时期和元代的徽州，大族制度在处理丧事问题上没有其他三种制度的作用突出。他将其原因归结为儒家理念对此类事务的漠不关心。事实上，在宋金元时期，后世宗族的那种体制根本不存在。这当然不等于说没有大族、豪族，但真正有家庙的、可以"行礼如仪"的却寥若晨星。恰恰是从宋代开始，新儒学从敬宗收族的目的出发，开始系统考虑这些人生仪礼问题。不过，佛教还是在这里扮演着重要角色。比如在苏州的范仲淹家族，南宋嘉定三年（1210年）十一月十七日的圣旨碑上说：天平功德寺，乃文正公奏请追福祖先之地，为子孙者所当相与扶持，不废香火。⑤

这种情况到了元代有所改变。同碑刊刻之元代至正年间告示碑记载，范仲淹的八世孙范廷珍"述有三太师、国公坟茔并义庄、义学，俱在吴县十一都，奏请天平功德寺守奉香火。"但朝廷敕赐忠烈庙额，有司岁时祭祀，后又改称文正书院，试图改变其佛寺的性质。这通元代碑文的起因，在于该寺向官府登记的时候，一直沿用天平寺的户名，被官府按照一般寺院的规矩科派钱粮，而没有被视为列入国家祀典的、可优免赋役的祭田，被范氏告到官府，所谓"今长洲县二十六都里正人等不体遵崇美意，却将文正书院祭祀田土混同僧道，一概报官科粮。"[96]其实，白云寺(即天平寺)、忠烈庙和文正书院都是一个单位的几块牌子[97]，在不同的情境下用来满足优免赋役的条件，这种三位一体的祭祀(礼仪)制度一直延续到明清时期。

这种情况并不仅仅存在宋元时期的江南，无论是唐代敦煌地区的佛教社邑、宋金时期山西村社中的维那、都维那体制，还是明清之际湖南长沙地区的人将土地舍给佛寺作为家族的香火田，都能看到佛教在社会生活中的持续不断的影响，而在江南地区，这种影响更为持久和凸显。但我们也知道，正如我们看到云南大理社会的佛教影响也很大一样，这些相同或类似的文化表征背后的人群和历史过程是很不同的，因此，只要需要，地方上的人群就会利用传统的或现成的象征资源，如果没有或者它们不适应需要，人们就会创造一种新的东西出来，而并不在意它们是哪一种"宗教制度"。

我们再来讨论"结构过程"。

科大卫在其《皇帝和祖宗》一书的最后一章，提到了他对珠江三角洲以外的一些地区的看法。⑱就福建、江西和西南地区而言，尽管他指出了区域差异性，但经常用的一个前提，就是"地方社会整合到王朝国家时"，即这些地区出现的情况，或早或晚，都是地方社会整合到王朝国家这一过程的结果。概括说来，近年来冠之以"华南研究"的区域性成果，大都与此前提直接相关（包括"神明的正统化"）。但是，当他指出山西也同样存在祖先崇拜或宗族建设的现象时，似乎忘记说明这是否同样是地方社会整合到王朝国家的结果，因为显而易见，就整体而言，山西被整合到王朝国家的时间要早得多，除非我们可以论证，宋明以前的山西社会还不算"真正地"

整合到王朝国家中去。

我们当然不会将王朝在地方设置郡县视为这一整合过程的唯一指标，但由于周秦汉唐的统治中心距离山西太近，因此其政治、经济和文化的联系更为密切，簪缨之族亦复不少。最重要的变动在北族大量入居的时代，但恰恰是因为他们将山西变为自己的王朝国家的中心区域，使这一地区的社会空前地整合进来。根据侯旭东的研究，北朝时期是个豪强纷起的时代，或可视为中古时期的"地方军事化"。北魏一直有裁抑豪右的国策，但并不始终成功，最后只好将其纳入地方管理体系，于是出现大量分置州县的状况。通过北齐的括户、并省州县、武力打击、设镇迁豪等举措，使境内豪右势力大为削弱。最值得注意的是其剥夺百姓自由设立佛教邑义的政策，限制了豪右在地方壮大的民间基础，[19]这倒很类似于明初东南沿海的情形。

恰在此时唐叔虞祠始见于史。

诸多学者已经揭示出北朝时期社会的许多重要机制。在社会组织的层面，我们一方面看到许多坞壁，另一方面看到许多佛教邑义，这二者其实是相互配合的，是同一社会情势下的伴生物。大大小小半独立的政治体或军事体，配合着一个个整合民众的信仰组织，构成某些区域社会的基本单元；而凌驾其上的国家或政权基本上就是这样的单元的同构放大，而未如后世那样显示出国家对社会的强力控制。只是到了北朝末期到隋唐以降，才开始了一个"地方社会整合到王朝国家"的过程，前述唐代礼制中要求用里社取代社邑，唐末五代以来地方社庙的不断出现，就是这个过程的体现。

从表面上或者从"标识"上看起来，在晋祠地区的漫长历史中，我们大致可以发现一个有些重叠的分期：在北朝到隋唐时期，佛教势力是有很大影响的；而在金元时期，道教力量有所扩展，佛教虽然失去了以往的统治力，但也并未消失；进入明清时期，特别是明中叶以后，情况变得比较多元，晋祠中僧人与道士共存，乡村中的佛寺和其他寺庙对于村民来说只是村庙而已，并非佛教徒或道教徒的专用场所。我以为，这样的特点体现了王朝国家与地方社会的关系发生了较大的转变，地方社会逐渐用更为多样化的方式来应对王朝国家的一体化议程，借用清代热河普陀宗乘之庙的一座殿名来说，就是王朝国家要"万法归一"，而地方社会也不总是"玩国家"，有可能只是因应，甚至顺应。

这样的分期背后，当然是一种国家控制乡村方式的变化，也就是一种制度的变化；再向深处探索，则有族群的因素和治理技术的因素。无论是唐叔虞祠的出现，还是佛寺和祆祠，都是北朝时期的产物，一个文化多元、族群多样、人口流动频繁的社会，再加上北族政权习惯采用的治理方式，造就了佛教社邑这一类民间结社和各种寺庙色彩纷呈的生存状态，金元时期的情况也颇类似。北宋时期晋祠的地位开始凸显，则是国家加强管控地方的开始，至明中叶以来，晋祠及其周边乡村中的寺庙发展和分化，反映出的是日益增长的地方力量如何应对国家制度的管控。事实上，如果自上而下看，人们常常注意到这种管控的强化；但如果自下而上看，又可以看到这种管控的弱化，而且二者并不矛盾。

在晋祠地区漫长的历史中，我们也发现（雨）水是一条主线，或者说，人们在不断强调和凸显这条主线。在北宋以前，晋祠的主神是唐叔虞，虽然一直被视为晋地的开国始祖，但也一直是祈雨的对象；北宋以后，向唐叔虞祈雨的行为虽未中断，但昭济圣母作为晋水水神的影响已远超前者。周边各村寺庙虽然处理的主要是村内事务，但也不时涉及水利的问题。虽然从"雨"到"水"的变化体现了从"靠天吃饭"到主动利用水资源的巨大变化，但这个与"水"有关的标识是始终未变的，它显示了一个连续的区域历史发展脉络。

其实，在这个意义上，唐叔虞与圣母的关系可能是一个兼管水旱之事的"社神"与专职水利灌溉的"水神"的关系。从王朝国家的礼制角度来说，具有综合功能的区域之神是重要的，而对百姓的生活来说，具有社会组织表征的技术性神祇也同样重要。前者可能只能解决水旱之灾的问题，后者却能解决因用水而产生的纠纷问题。这就是为什么对于宋以后的士大夫来说，两个在功能上颇有重合的神祇同在一处，引发了不小的困惑，因而要把他们二者的身份尽量区别开来，也是为什么这里村落中的社（包括厉）的存在逐渐淡化模糊。我们在晋祠周围的村落中经常发现一两棵很古老的柏树，树下往往在一个高台上建有一米多高的五道庙或三官庙，也经常有人在这里上香拜祭，这其实就是社树和社庙的遗存。这些小庙和晋祠中的唐叔虞祠一样，都越来越不引人注目，虽可能曾在区域或聚落发展的早期历史上（比如前面讲到的唐宋时期）扮演过重要角色，但因这一地区没有像在明清时期的东南沿海等地区那样，经历了新的区域开发、人群变动和社区重组，社的"地权标识"意义或"正统化"意义就没有那么突出。一方面，以村落为单位的公共事务可以具有长期传统的佛寺或道观这类村庙承担；另一方面，与家庭和个人的日常生活有关的事务则在变形了的社坛——五道庙或三官庙进行，于是形成了华北村落的不同于华南的仪式景观。⑩

可以用"礼仪标识"来表达的"宗教制度"（religious institutions）或者被用来帮助解释某种共时性结构，或者被用来帮助理解一个地方，这是这些年来许多学者所做的工作。但是对于某些地方来说，截取一个时间段来分析某个社会及其"礼仪标识"（除非是一个截然断裂的社会），不容易准确认识这个社会的"结构过程"；我们也总是努力揭示这些"礼仪标识"的地方性表达，而较少思考地方上的不同人群为何选择"礼仪"或"宗教"作为表达其意愿的标识、又为何选择这种"礼仪"或"宗教"而非那种作标识。我们下一步需要做的，就是更为动态地、多维度地进行观察，地方及其文化只是我们曾经的出发点。

注 释

  * 本文原载《首都师范大学学报》，2019(1)。

  ① 在一些涉及这个术语的文章中，它或被译为"礼仪标签"，或被译为"礼仪标记"，由于"标签"可以对应英文的 label，往往是被人认为是如此、其实并非如此(即贴标签)的意思；而"标记"可以对应英文的 mark，与 marker 相比，后者更强调人的着力营造，而不是一般的鸿爪留痕，故在此一并译为"标识"。

  ② [日]末成道男：《人类学与"历史"：第一届东亚人类学论坛报告集》，233～239 页，北京，社会科学文献出版社，2014。2010 年，香港卓越领域计划(AoE)项目《中国社会的历史人类学》启动，在项目的计划书中，科大卫提出了"重要礼仪标识"(significant ritual marker)这个概念。当时的定义是："地方社会的成员认为是重要的、实际可见的礼仪传统指示物(indications of ritual tradition)。"本文亦即该项目的成果。

  ③ [法]劳格文、科大卫：《中国乡村与墟镇神圣空间的建构·序论》，22 页，北京，社会科学文献出版社，2014。

  ④ 刘永华：《寺庙进村——闽西四保的寺庙、宗族与村落(约 14－20 世纪)》，载《历史人类学学刊》，2018(1)。

  ⑤ 《晋水流域 36 村水利祭祀系统个案研究》，见行龙：《走向田野与社会》，108～131 页，北京，生活·读书·新知三联书店，2007。

  ⑥ 人类学者对晋祠有所关注，比如张亚辉：《水德配天——一个晋中水利社会的历史与道德》，北京，民族出版社，2008。虽然对相关文献缺乏分析，但该书还是提出了一些富有启发性的假设。Tracy Miller, *The*

Divine Nature of Power，Chinese Ritual Architecture at the Sacred Site of Jinci，主要是从建筑史的角度，当然也结合了多学科的视角，讨论了晋祠神祇的多元性及对不同人群的意义。Harvard-Yenching Institute Monograph Series，2006.

⑦ 晋阳城建于周敬王二十七年(前497年)，距今2500多年。按刘大鹏《晋祠志》，左侧一处周柏已于清道光初被伐，随即为庙祝补种于原处。

⑧ (汉)郑玄注：《十三经注疏·周礼注疏》，(唐)贾公彦疏，702页，北京，中华书局，1982。

⑨ (清)陈立：《白虎通疏证》，90页，北京，中华书局，1994。

⑩ 《山西通志》和《太原县志》都认可这个说法，但更早的《水经注》说："城东有汾水南流……水上旧有梁，青荓殒于梁下，豫让死于津侧，亦襄子解衣之所在也。"似说豫让死于汾河边，汾河在古晋阳城东，而赤桥却在城的西南，地点不相符合。参见(北魏)郦道元：《水经注》，119页，上海，上海古籍出版社，1990。

⑪ 原碑在王郭村明秀寺内。

⑫ 原碑在索村三官庙内。

⑬ 原碑在花塔村花塔寺内。

⑭ 嘉靖《太原县志·卷一·寺观》，见《天一阁藏明代方志选刊》，上海，上海古籍书店，1981。

⑮ 《魏书》，2466页，北京，中华书局，1974。

⑯ (唐)李吉甫：《元和郡县图志》，366页，北京，中华书局，1983。

⑰ 《北史》，1336~1337页，北京，中华书局，1974。

⑱ 《魏书》(简体字本)，824~825页，北京，中华书局，2000。"灵星本非礼事，兆自汉初，专为祈田"。

⑲ 《汉书》，1225页，北京，中华书局，1983。

⑳ 山西省考古所等：《太原隋代虞弘墓清理简报》，33页，载《文物》2001(1)。

㉑ (唐)李吉甫：《元和郡县图志》，366页，北京，中华书局，1983。

㉒ 《北史》，2787 页，北京，中华书局，1974。

㉓ (唐)李吉甫：《元和郡县图志》，366 页，北京，中华书局，1983。

㉔ 太原市文物考古研究所：《晋阳古城遗址 2002－2010 年考古工作简报》，9 页，载《文物世界》，2014(5)。

㉕ (北魏)崔鸿：《十六国春秋·前赵录一·刘渊》，北京，中华书局，1983。

㉖ 《北齐书》，4 页，北京，中华书局，1972。

㉗ 同上书，113 页。

㉘ 同上书，102 页。

㉙ 同上书，531 页。

㉚ 如，杨衒之《洛阳伽蓝记》卷一，"永宁寺……府南有太社"；再如，"河清元年春正月乙亥，车驾至自晋阳。辛巳，祀南郊"。见《北齐书》，90 页，北京，中华书局，1972。

㉛ [日]释圆仁：《入唐求法巡礼行记》，323 页，石家庄，花山文艺出版社，1992。

㉜ 《隋书》，149 页，北京，中华书局，1982。

㉝ 张小贵：《虞弘墓祭火图像宗教属性辨析》，见《欧亚学刊》，9 辑，266～278 页，北京，中华书局，2009。

㉞ 施安昌：《北齐徐显秀、娄睿墓中的火坛和礼器》，载《故宫博物院院刊》，41～48 页，2004(6)。

㉟ 《新唐书》说西域的康国"尚浮图法，祠祆神，出机巧技。"(《新唐书》，6244 页，北京，中华书局，1975)此前的《魏书》也在说到康国时提到，"米国、史国、曹国、何国、安国、小安国、那色波国、乌那曷国、穆国皆归附之。有胡律，置于祆祠，……奉佛，为胡书。"见《魏书》，2281 页，北京，中华书局，1975。说明这些地方的人群是对祆教与佛教兼容的。

㊱ 《北朝隋唐胡人聚落的宗教信仰与祆祠的社会功能》，见荣新江：《唐代宗教信仰与社会》，385～412 页，上海，上海辞书出版社，2003。

㊲ 《隋翟突娑墓志》，载张庆捷：《丝绸之路与北朝晋阳》，见中国魏

晋南北朝史学会、山西大学历史文化学院：《中国魏晋南北朝史学会第十届年会暨国际学术研讨会论文集》，太原，北岳文艺出版社，2011。有学者断句为"父娑，摩诃大萨宝"，不明其据。

㊳ 《龙润及妻何氏墓志》，见太原市三晋文化研究会、《晋阳古刻选》编辑委员会：《晋阳古刻选·隋唐五代墓志》，39页，北京，文物出版社，2013。

㊴ 《兴化寺高岭诸村造像记》，见《金石续编·卷二》。

㊵ 参见侯旭东：《五、六世纪北方民众佛教信仰——以造像记为中心的考察》，北京，中国社会科学出版社，1998。刘淑芬：《中古的佛教与社会》，上海，上海古籍出版社，2008。

㊶ 天保二年《邢多五十人等造像记》，见《金石续编·卷二》。

㊷ 天保六年《敬造释迦佛像碑记》，见《三晋石刻大全·晋城市阳城县卷》，太原，三晋出版社，2012。

㊸ （北魏）崔鸿：《十六国春秋·后燕录四·慕容宝》、《十六国春秋·北燕录一·冯跋》，中国国家图书馆藏明万历三十七年屠氏兰晖堂刻本。

㊹ 《魏书》(简体字本)，卷七，114页，北京，中华书局，2000。

㊺ （宋）王钦若等：《册府元龟》(校订本)，673页，南京，凤凰出版社，2006。

㊻ 参见杜正贞：《村社传统与明清士绅——山西泽州乡土社会的制度变迁》，26~27页、34页，上海，上海辞书出版社，2007。

㊼ （唐）段成式：《酉阳杂俎》，81~82页，北京，中华书局，1981。

㊽ （唐）康骈：《剧谈录》，19页，上海，古典文学出版社，1958。

㊾ 《过故府中武威公交城旧庄感事》，见叶葱奇：《李商隐诗集疏注》，550页，北京，人民文学出版社，1985。

㊿ 《祭文·祭唐叔文》，见（唐）李德裕：《李文饶集·别集·卷七》，上海，上海书店，1989。

○51 谷川道雄指出："在这里与其说是经济关系，不如说是精神关系，形成了人与人之间相互结合的更加强有力的纽带。"参见[日]谷川道雄：《中国中世社会与共同体·自序》，6页，北京，中华书局，2002。

(52) 参见李书吉：《十六国北朝山西坞壁的地理分布及类型特征》，见中国魏晋南北朝史学会、山西大学历史文化学院编：《中国魏晋南北朝史学会第十届年会暨国际学术研讨会论文集》，38～52页，太原，北岳文艺出版社，2011。亦参见覃晓磊：《山西地区北朝佛教邑义研究》，硕士学位论文，华东师范大学，2016。

(53) 参见拙文《晋祠与熙丰新法的蛛丝马迹》，载《史学集刊》，2014(6)。

(54) 洪本健：《欧阳修诗文集校笺》，42页，上海，上海古籍出版社，2009。

(55) 圣母究竟什么时候被创造出来，史无明载。张亚辉忽而猜测可能是真宗大修时做的，忽而认为早不过仁宗天圣，晚不过神宗熙宁，莫衷一是。至于其原因，一般将其与祈雨或水利联系起来，张亚辉在其著作中提出圣母之作出于镇压水中阴鬼的新说，尚需提出进一步的证据。比如，其封号"昭济"应如何解释。至于当时及后世百姓如何看待这个女神，是另一回事，这就要对圣母究竟是民间神祇还是朝廷制造的神祇作出判断，而张著认为是后者。

(56) "追宋天圣后……又复建女郎祠于水源之西，东向"。这个女郎祠有可能是当地民众所建，所以元朝人认为是"民蒙其利，崇德报功，又为昭济圣母之宫于其上"。分别见于至元四年《重修汾东王庙记碑》和至正五年《春日游晋祠诗序石刻》，详见刘大鹏：《晋祠志·卷十·金石二》，249、256页，太原，山西人民出版社，1986。

(57) 太平兴国九年五月丁丑《新修晋祠碑铭并序》。同上书，259～261页。

(58) 张亚辉认为北宋时唐叔虞改封"汾东王"是个"莫名其妙的称号"(张亚辉前揭书126页)，这过于小看朝廷的礼制了，因为任何神明的封号都需要经过礼部官员的详细讨论。我初步认为，"汾东王"的封号是要将唐叔虞和圣母的在这一地区的主管范围作出区分，前者负责汾河(东岸地区)水利，后者负责晋水(汾河西岸地区)水利，其背后可能是不同灌溉系统中的人群。容后论。当然，其意义被大为缩小了，从三晋的祖神变成地方性的小神，也符合宋代抑制地方割据的表征。

(59) 宣和五年五月《晋祠谢雨文碣》，见《晋祠志·卷十·金石二》，246页，太原，山西人民出版社，1986。

(60) 至正二年十月《重修晋祠庙记》。同上书，262页。

(61) 参见拙文《晋祠与熙丰新法的蛛丝马迹》，载《史学集刊》，2014(6)。

(62) 《圣母殿铁醮盆题字》，见刘大鹏：《晋祠志·卷九·金石一》，214页，太原，山西人民出版社，1986。

(63) 表据《晋阳古刻选》“北朝墓志卷”及“隋唐五代墓志卷”制。见太原市三晋文化研究会、《晋阳古刻选》编辑委员会：《晋阳古刻选·北朝墓志卷》，太原，山西人民出版社，2008。太原市三晋文化研究会、《晋阳古刻选》编辑委员会：《晋阳古刻选·隋唐五代墓志卷》，北京，文物出版社，2013。

(64) (宋)韩琦撰：《安阳集编年笺注》，李之亮、徐正英笺注，287页，成都，巴蜀书社，2000。

(65) 至元四年八月《重修汾东王庙记碑》，见刘大鹏：《晋祠志·卷十·金石二》，249页，太原，山西人民出版社，1986。

(66) 至正二年十月《重修晋祠庙记》。同上书，262页。

(67) (宋)掌禹锡：《重修昌宁公庙碑记》，载嘉靖《太原县志·卷五·集文》，见《天一阁藏明代方志选刊》，上海，上海古籍书店，1981。

(68) 嘉靖《太原县志·卷一·寺观》，见《天一阁藏明代方志选刊》，上海，上海古籍书店，1981。

(69) 正隆四年七月《重修天龙寺铭》，见(清)胡聘之：《山右石刻丛编·卷十九》，太原，山西人民出版社，1988。

(70) 皇庆二年《重修奉圣寺记碑》，见刘大鹏：《晋祠志·卷十四·金石六》，364页，太原，山西人民出版社，1986。

(71) 贤富村于明初改名南城脚村，与花塔村相邻。今该村南侧一小区仍称"贤富苑"。

⑫　嘉靖《太原县志·卷五·集文》，见《天一阁藏明代方志选刊》，上海，上海古籍书店，1981。

⑬　这可能是明嘉靖四十二年到隆庆五年那次大规模重修后的结果。

⑭　至元四年《重修汾东王庙记碑》，见刘大鹏：《晋祠志·卷十·金石二》，249～251页，太原，山西人民出版社，1986。

⑮　(元)字术鲁翀：《圣母祠前祷雨》，载乾隆《太原府志·卷五十八·艺文七》，见《中国地方志集成·山西府县志辑》，第2册，91页，南京，凤凰出版社，2005。

⑯　元祐七年八月《昭济圣母祠记》，见《山右石刻丛编·卷三十二》，太原，山西人民出版社，1988。

⑰　按嘉靖《太原县志·卷一》："晋祠镇，县西南十里，宋旧镇"，即晋祠在北宋便已成镇。又据《宋会要辑稿·食货一六·商税二》每年应交商税中，"晋祠镇二百三贯七百二文"，同书《食货二二·盐法一》记晋祠镇的盐课二百四十一贯八百六十三文，可见商业还不是很发达，人口规模不是很大。参见《宋会要辑稿》，6317、6465页，上海，上海古籍出版社，2014。

⑱　景泰二年六月《御制祭圣母祝文碑》，见刘大鹏：《晋祠志·卷十一·金石三》，271页，太原，山西人民出版社，1986。

⑲　所引铭文皆见于晋祠院内原物上。

⑳　张亚辉试图论证，北宋出现且得到朝廷敕封的圣母与民间传说中的柳氏(柳春英)是同一人，明代嘉靖时在圣母殿南侧修建的梳妆楼就是圣母本人的梳妆楼，这并非没有可能性，但证据不足。北宋时期是否已有金胜村还未可知，神在当时是否已姓柳更未可知，因此这与说她是女郎祠的"女郎"或"晋水源神"也没什么差别。万历年间的诉讼中称"晋祠圣母柳氏"，是金胜村柳氏居民为了宣称其用水合法性的说辞，不能用来证明北宋时被封为圣母的某民间女郎就一定是后世金胜村的"柳氏"。因此，论证坐瓮故事主角与圣母的同一性，与后世将金胜村柳氏与圣母勾连在一起，完全是两个问题，不能混为一谈。就后一个问题来说，无论晋祠圣母是谁，梳妆

楼内是否圣母的梳妆分身,万历年间这场官司都无疑说明了金胜村柳氏是在伸张其水权。至于张亚辉进一步论证圣母或晋祠女神的创造是为了镇压阴鬼的说法,是个符合常识和逻辑的洞见,但第一并无法因此否定明万历年间金胜村柳氏伸张水权与嘉靖年间修造梳妆楼之间的可能联系,第二需要证明四个镇水的金人的作用。事实上,即使张亚辉的看法是对的,但神祇初创时期的功能通常是可以转化的,莆田的妈祖也是如此。参见张亚辉:《水德配天——一个晋中水利社会的历史与道德》,117~171页,北京,民族出版社,2008。

㉛　万历十七年四月《水利禁例移文碑》,见刘大鹏:《晋祠志·卷三十·河例一》,797~801页,太原,山西人民出版社,1986。

㉜　隆庆元年六月《重修晋祠庙碑记》,同上书,272~273页。但本书不录碑阴文字,碑阴可见晋祠原碑。

㉝　嘉靖《太原县志·卷一·屯庄》,见《天一阁藏明代方志选刊》,上海,上海古籍书店,1981。

㉞　雍正《重修太原县志·卷五·城垣》,清雍正九年刻本。

㉟　刘大鹏:《晋祠志·卷二·祠宇下》,55、61~62页,太原,山西人民出版社,1986。

㊱　值得一提的是,在该碑极少数异姓的题名中,有撒姓存在。撒姓多为回族,也可能源自契丹或蒙古。明代王郭村的撒姓有可能是元代迁入此地的,也有可能是唐代回纥的后裔,比如有的叫撒华铁头儿,应是北族血脉无疑。此外,题名中还有"北郭二都军身杨明、王氏、杨成",杨明应是王郭村的女婿,"军身"也许表明其系军户或卫籍身份。

㊲　以上三碑今均在王郭村明秀寺内。

㊳　碑在花塔村花塔寺正殿内神台之上。

㊴　以上两碑均在北大寺武氏祠堂壁上,亦可见张正明等:《明清山西碑刻资料选(续一)》,7~8、364~365页,太原,山西古籍出版社,2007。

㊵　参见张俊峰、武丽伟:《明以来山西水利社会中的宗族——以晋水流域北大寺武氏宗族为中心》,载《青海民族研究》,2015(2)。

㉛　参见申斌、黄忠鑫：《明末的里甲役与编户应对策略——徽州文书〈崇祯十三年四月二十日杨福、杨寿立合同〉考释》，载《中国社会经济史研究》，2015(3)。

㉜　刘大鹏：《晋祠志·卷三十九·河例十》，990 页，太原，山西人民出版社，1986。

㉝　费孝通：《乡土中国》(修订本)，85～86 页，上海，上海人民出版社，2013。

㉞　Joseph P. McDermott, *The Making of a New Rural Order in South China*, vol. 1., *Village*, *Land*, *and Lineage in Huizhou*, 900－1600, Cambridge, 2013. 所谓"乡村四重奏"，是指宋元时期祭赛会社、民间坛庙、制度性宗教和宗族这类亲属组织是共同支撑乡村社会的四股力量。

㉟　原碑在今苏州市范氏高义园内。该段文字也收入于《范仲淹全集》，1166 页，成都，四川大学出版社，2002。

㊱　原碑在今苏州市范氏高义园内。

㊲　(元)牟巘：《忠烈庙记》载："文正范公忠烈庙，今在姑苏三让里天平山。公由睦移守乡郡，再省三世松楸，不但汉人过家上冢之荣而已。尝即白云庵，奉香火。泊登政府，得追封三世，置坟寺，始奏改庵为白云寺，祀徐国公、唐国公、周国公，盖庆历时也，犹未有忠烈之名。"同上书，1118～1119 页。

㊳　科大卫：《皇帝与祖宗——华南的国家与宗族》，411～432 页，南京，江苏人民出版社，2009。

㊴　侯旭东：《地方豪右与魏齐政治——从魏末启立州郡到北齐天保七年并省州郡县》，载《中国史研究》，2004(4)。

㊵　在苏州的洞庭东山，我们可以看到几乎每个村落中都有猛将堂或刘王庙，或类似的三元庙，这其实也是水上人登岸陆居之后的社，只是由于与原有的岸上居民传统的不同而未称为社而已。关于刘猛将的来历从民间传说中的一个在水边放鸭的小孩到驱蝗神刘秉忠的转变，正反映了人们从船居到陆居的诉求。

余　论

和叙说一样，此处用我发表在《北京大学学报》2018年第5期上的另一篇评论，进一步申明历史人类学或实践的历史学的旨趣。与本书"叙说"之后所附的评论不同，我在这里所评论的对象是我们这个"圈子"内部的几位中青年学者的个案研究，在我看来，这些研究从不同的侧面体现了上述旨趣，而且也不同程度地回答了学术界关于区域研究以及地方民间文献等问题的误解。

　　30多年前，海内外的一些历史学者和人类学者开始以传世文献和地方民间文献、观察访谈并重的方式，尝试通过区域研究对中国社会的历史进行重新解释。他们起初被称为社会史研究中的"田野派"，后来又多被称为

"华南学派"，但他们自己或将研究归类为区域社会史或历史人类学。可以说，他们的研究路径开启了目前已蔚然大观的对地方民间文献的搜集和整理工作、通过解读文献和田野实践训练研究者的田野工作坊模式，以及对传统的历史文献学的再思考。2017 年 7 月 3 日，北京大学人文社会科学研究院主办的第 46 期"文研论坛"题为"中国历史人类学研究的南方经验与北方经验"，邀请了10 位学者分享了他们的研究心得。发表于《北京大学学报》的各篇文章的作者，就是其中的四位。

将社会史研究视为"碎片化"的无关紧要的地方性个案，或与国计民生的重要内容无关，已被不断证明为短视的无稽之谈。刘永华的文章是从明代的役法入手的，侧重讨论匠户和军户，这是传统的制度史和经济史极为关注的问题。但是他以此讨论了明代移民之外的跨地域流动和由此形成的跨地域网络，这样一种由国家体制制造出来的"民众服役网络"创造了一种非常复杂多元的、超越制度制定者初衷的社会空间。虽然因卫所军士及家属在地化、赋役折银等原因使这种跨区域流动大幅减弱，但与此同时，却出现了更大规模的、由市场主导的社会流动，这二者之间究竟是何种关系？后者导致了前者的变质，前者造成的网络又为后者铺平了道路？此外，在某些时间，还出现了以反抗现存统治秩序为形式的跨区域人口流动，比如明末的"流寇"，这又与前两种流动不无关联。这些问题，都值得我们重新思考。

谢湜的文章通过他及其团队所进行的南岭山区和浙东海岛地区的田野个案研究，展现了明清易代以后某些"边缘"地带或界邻地区社会"再结构"的复杂图景。尽管在更早的时期，南岭以外或浙闽沿海已经设置了王朝的管理机构并实施了直接控制，但直至明代，南岭山区和东部海岛还是一些流动性很强的人群在活动，包括山区的傜人、畲人和水上人群，这也正是为什么南明政权可以在这一带地区长期延续。到康熙中期内陆和沿海的局势稳定之后，这些地区的不同人群各自利用某种曾有的定居或在籍人群的符号，作为获取某种合法身份的策略，再通过其后的编纂族谱或讲述有关祖先入籍的故事，对此身份不断加以强化。当然，正如谢湜指出的，这些行为和文本有可能有意无意地遮蔽了他们真实的利益诉求。在这一过程中，我们似乎看到了清康熙以后东南边疆的地方人群与国家的能动行为"共谋"取得的双赢结果，当我们把这些纷乱的地方"碎片"进行简化之后，呈现出的图像是元明时期这些地区的"乱象"到清代已经得到相当程度的澄清。我们下一步希望了解的是，经过"确权"之后，这些人究竟想做些什么和做了些什么。

乍看起来，杜正贞利用民国年间浙江龙泉县司法档案的研究很像是一项法制史的研究，当然，也可以视其为法制史。但是，她所关注的重点并非诉讼或司法过程本身，而是试图考察地方的传统习惯或习俗在这一过程中如何得到确认。换句话说，就是传统习惯或习俗如何在这一过程中变身为制度的组成部分。当学界响应了"活的制度史"的倡导之后，更多地看到的是对制度实践的重视，却较少对制度的来源问题进行反思。但这只是第一步，进一步探索习惯或习俗如何被乡民在生活中确认、遵守和笃行，则是合逻辑的自然之举。在这一步，作者又对关于习俗或习惯形成的传统观念提出了尖锐的挑战，无论习惯法学者还是民俗学者都必须正视。她将习俗或习惯视为一种充满弹性的、时刻受制于人的现实动机和行为的创造，成为说明何为历史人类学之一例。当然，对于习惯或习俗形成或被认定的固化的看法，常见于缺少田野实践的某些习惯法或经济学学者的论述中，在历史学者中也同样如此，但在较多生活经验的人类学者或民俗学者那里就未必然，比如作者推许的坦纳，就是一位人类学者。

作为一项历史人类学研究，贺喜文章的叙事方式显然是"逆推顺述"式的，看起来与传统的历史研究颇为不同。虽然海南至少自唐代就进入了正史叙事之中，但时至今日，那里的历史依然很难进入主流的史学研究的视野，说明我们的史学实践和我们认同的人文理念相距甚远。即使是学界关注的那些边疆、民族史事，也大多与中原王朝的演进更迭相关，这固然不那么"碎片"，却显示出强烈的话语霸权。本文寻找那个被现代宏大叙事遮蔽的"合亩制"的真相，是通过对当代人的访谈发现线索，再"逆推"到明代中叶、特别是清末民国初海南黎族地区的开发和黎族如何被"发现"和认知的过程中，才能最后实现。我们也看到，地方精英的口述及基于此的20世纪50年代调查报告、围绕冯子材开路的清朝官府材料，和关于本地族群分类及其展示的记录，分别是三个不同系统的资料，不仅出发点不同，代表的时代不同，力图达到的目的也不同，因此看起来勾画出了三幅各不相干的图景。能够把这三者间的逻辑关系勾连起来的关键点在哪里呢？是现代性、殖民主义及其应对吗？

用来支持这4篇文章的观点和体现其方法的例子，大多出于南方的个案，似乎没能实现中国南方和北方历史路径相互比较的讨论初衷，这既有偶然性，也有必然性。就前者而言，我们一时未能寻找到合适的、在说明历史人类学的中国研究之理念与方法方面较有代表性的文章；就后者而言，也是此类研究毕竟发端于华南，经历了较长时间的积累，区域性的认识较为成熟的缘故。不过，与早期的华南研究相比较，这4篇文章在地域上已从成果丰富的珠江三角洲及闽台、香港地区大大向外延伸，谢湜研究的南岭北部和浙东沿海地区、杜正贞研究的浙南地区、贺喜研究的海南黎族地区，都是过往的区域研究中非常薄弱的地区，即使是他们的研究，也只是一个起步。而刘永华和谢湜的研究，已经在考虑如何将区域研究过渡到跨区域研究的机制性维度。

这可以视为中国的历史人类学研究的部分第二代学者的创新尝试和自我挑战。但这种尝试和挑战更多地体现为这 4 篇文章初步展现出的方法论意义，而这正是第一代学者在倡导区域社会史和历史人类学时希望看到的。尽管在这一组文章中，我们没有看到以北方研究个案为基础的经验总结，但文章中显现出的方法论和跨区域研究的意义是带有普遍性的。更为重要的是，一直以来，学界对于社会史研究呈现出的某种"碎片化"的倾向多有批评，但这里呈现出的对中国社会的结构性认识和动态性分析，不仅足以回应这类批评，而且昭示了立足于本土历史经验和国际学术对话的中国研究的美好前景。

在《历史人类学小丛书》开始一一付梓问世之际，我思忖是否可以将关乎这一丛书主旨的几篇文章合为一集，包含学术史、基本概念和个案，以及两篇评论。其中发表于日本《中国史学》和《历史人类学学刊》者，国内读者不易读到，其余虽可分别见诸《清华大学学报》、

《北京大学学报》和《首都师范大学学报》，但写作时确是在同一时期的相互配合之作，权作本丛书的一个个人注脚，交给读者朋友们批评。在这些文字的写作过程中，我曾将有关想法在浙江大学、华东师范大学、山东大学等不同场合进行交流，也在文章发表后得到许多师友的指正，在此一并表示衷心的感谢。

回首往事，我想起在《历史研究》1999年第2期发表的《再论社会史的概念问题》一文，那是我第一次全面阐述我个人对社会史研究的看法，距今已过去整整20年。在该文中我引述了已故的伊格尔斯教授的一段话——因为那书是我年轻时翻译的，所以对许多观点记忆深刻：

目前，几乎所有的历史都是社会史，但现在其社会科学基础是放在诸如人类学和符号学这类探索集体意识、价值和意义，并将人视为历史局势中的积极因素的学科之上，而不是放在地理学、经济学或人口统计学这些对人类自由加上了外部限制的科学之上。

当我们今天高谈"人"的历史或"人的实践"的历史时，当我们深论历史学与人类学的关系时，我们的具体研究还不能说做得很好，或很好地实现了上述理想。但还是应该意识到，即使是伊格尔斯的总结性观察也已经过去30年了，被他总结的研究实践则更在30年以上。即我本人在20年前引述了这段话，也不能说有了富有成效的践行。因此，我们没有什么太过值得骄傲的。

图书在版编目(CIP)数据

历史人类学的旨趣：一种实践的历史学/赵世瑜著. —北京：北京师范大学出版社，2020.1(2022.11 重印)
（历史人类学小丛书）
ISBN 978-7-303-25335-7

Ⅰ.①历… Ⅱ.①赵… Ⅲ.①史学－人类学－研究
Ⅳ.①K0

中国版本图书馆 CIP 数据核字(2019)第 263392 号

营　销　中　心　电　话
北 京 师 范 大 学 出 版 社　　010-58805385
主题出版与重大项目策划部

LISHIRENLEIXUE DE ZHIQU

出版发行：北京师范大学出版社　www.bnup.com
　　　　　北京市西城区新街口外大街 12-3 号
　　　　　邮政编码：100088
印　　刷：北京盛通印刷股份有限公司
经　　销：全国新华书店
开　　本：890 mm×1240 mm　1/32
印　　张：7.25
字　　数：120 千字
版　　次：2020 年 1 月第 1 版
印　　次：2022 年 11 月第 3 次印刷
定　　价：49.00 元

策划编辑：宋旭景　　　　　责任编辑：贾理智
美术编辑：王齐云　　　　　装帧设计：王齐云
责任校对：段立超　陶　涛　　责任印制：赵　龙　陈　涛